Syniad Da
Y bobl, y busnes – a byw breuddwyd

BWYDO'R BOBOL

Argraffiad cyntaf: 2012

(h)/Gwasg Carreg Gwalch/Stuart Lloyd

Cedwir pob hawl.
Ni chaniateir atgynhyrchu unrhyw ran o'r cyhoeddiad hwn na'i gadw mewn cyfundrefn adferadwy, na'i drosglwyddo mewn unrhyw ddull na thrwy unrhyw gyfrwng electronig, electrostatig, tâp magnetig, mecanyddol, ffotocopïo, recordio, nac fel arall, heb ganiatâd ymlaen llaw gan y cyhoeddwyr, Gwasg Carreg Gwalch, 12 Iard yr Orsaf, Llanrwst, Dyffryn Conwy, Cymru LL26 0EH.

Rhif rhyngwladol: 978-1-84527-382-8

Mae'r cyhoeddwr yn cydnabod cefnogaeth ariannol
Cyngor Llyfrau Cymru

Cynllun clawr: Tanwen Haf

Cyhoeddwyd gan Wasg Carreg Gwalch,
12 Iard yr Orsaf, Llanrwst, Conwy, LL26 0EH.
Ffôn: 01492 642031 Ffacs: 01492 641502
e-bost: llyfrau@carreg-gwalch.com
lle ar y we: www.carreg-gwalch.com

Bwydo'r Bobol

Stuart Lloyd

Hanes busnes sglodion a physgod
Lloyds o Lanbed

Golygydd:
Lyn Ebenezer

Syniad Da

*Cyflwynedig
i Mam
ac er cof am 'Nhad*

*'Bywoliaeth yw'r flaenoriaeth.
Y dorth ar y ford i fi a'r teulu sy'n dod gyntaf.
Os fedrai hefyd ychwanegu'r jam ... gorau i gyd.'*

Cynnwys

Gair i gyflwyno	7
Y gwreiddiau teuluol	8
Y cymdeithion da	16
Dechrau'r fenter	26
Byd addysg	40
Gwlad yr addewid	50
Meindio fy musnes	58
Ar gefn fy ngheffyl	73
Hen fusnesau lleol	87

Syniad Da

Gair i gyflwyno

Mae yna hen ddywediad sy'n honni mai plant y crydd sy'n gwisgo'r sgidiau salaf. Petai hynny'n wir, yna gellid honni hefyd fod plant y tŷ bwyta yn gorfod bodoli ar sbarion. Yn sicr, nid yw hynna'n wir am ein teulu ni. Bwyd o'n siop sglodion fydden ni i gyd, saith o blant, yn ei fwyta bob dydd. Ac mae'r saith ohonom yn parhau'n hynod iach.

Fy nhad, Alun Lloyd wnaeth gychwyn busnes sglodion a physgod yn rhif 4 Heol y Bont, Llanbed 63 mlynedd yn ôl. Uchafbwyntiau'r fenter oedd i ni ennill y wobr gyntaf fel caffi sglodion a physgod gorau Cymru ddwywaith, a dod yn ail unwaith.

Ers i Nhad gychwyn y busnes, mae llawer o ddŵr Afon Teifi wedi llifo dan bont Llanbed. Ond er gwaetha'r newid mawr a ddaeth i ran y dre, ac i'r byd mawr y tu allan, mae'r busnes sglodion a physgod wedi aros yn hynod o ddigyfnewid. Mae'r caffi wedi ehangu, ydi, ond mae e'n dal ar yr un safle. Mae'r dull o baratoi'r bwyd yn dal bron yn union yr un fath ag oedd e yn nyddiau Nhad. Mae'r bwyd mor faethlon ag erioed. Dim ond wynebau'r cwsmeriaid a'r staff sydd wedi newid. A'r prisiau o ran prynu mewn a gwerthu allan!

Ni fyddai'r stori hon yn gyflawn heb ei gosod yng nghyd-destun hanes busnesau eraill tref Llanbed, amryw ohonynt yn gorgyffwrdd â'i gilydd a nifer mawr wedi hen ddiflannu. Am yr wybodaeth yn y bennod olaf rwy'n arbennig o ddyledus i Bernard Jones o siop B. J. Jones gynt, a hefyd i Leno Conti am hanes y cysylltiad Eidalaidd.

Rwy'n hynod o ddiolchgar i Mam a Nhad am eu hymdrechion gant y cant i'n codi ni i fod yn blant hapus ac iach. Cefais y cychwyniad gorau oedd yn bosib ganddyn nhw wrth fy mharatoi ar gyfer taith bywyd.

Stuart Lloyd
Haf 2012

Syniad Da

Y gwreiddiau teuluol

Tad-cu Olmarch, D. Herbert Lloyd

Priodas Tad-cu Olmarch a Mam-gu yn Llanddewibrefi

O ystyried pa mor niferus yw'n teulu ni does dim rhyfedd fod Nhad wedi mynd ati i redeg siop pysgod a sglodion. Roedd angen siop gyfan i'n bwydo ni i gyd. Mae yna draddodiad o deuluoedd mawr ar y ddwy ochr. Roedd Herbert Lloyd, fy hen dad-cu ar ochr Nhad yn un o ddau ar hugain o blant ac yn dad i wyth o blant. Roedd e'n 56 oed yn priodi, felly pwy a ŵyr faint o blant fyddai gydag e petai e wedi priodi'n iau. Roedd Mam-gu ar yr ochr arall, sef mam fy Mam yn un o bedwar-ar-ddeg o blant.

Yn ei gyfrol o atgofion, *Felly 'Roedd Hi* mae D. T. Lloyd, brawd ieuengaf Tad-cu yn dweud mai dim ond dwy stôl oedd yn y tŷ yn nyddiau Herbert, a'r plant yn dadlau: 'Fy nhro i fydd cael eistedd wythnos nesa!'

Mae gwreiddiau'r teulu ar ochr fy Nhad yn Olmarch Uchaf, Llangybi, fferm sy'n dal yn nwylo'r Llwydiaid ers cenedlaethau. Roedden nhw'n frith yn y fro. Fe gododd un o'r brodyr, Daniel gartref i'r teulu, Olmarch Villa ac roedd brawd arall yn byw gerllaw ar fferm Ochr Coed. Fe briododd un o'r merched â Bertie Stephens, heliwr enwog a chanwr gwerin o fri. Mae yna gysylltiad agos â theulu Brynblodau ac mae gwaed y Llwydiaid wedi'i wasgaru drwy'r ardal gan gynnwys Garthenor, Llanio Isaf a Chwrt Trefilan.

Roedd Olmarch Uchaf yn llety ar gyfer pregethwyr fyddai'n gwasanaethu yn yr ardal dros y Sul. Yng nghanol yr aelwyd roedd piano a'r lle'n llawn cân bob amser. Ar wahanol aelwydydd y cynhelid gwasanaethau nes i ysgoldy sinc gael ei godi, a bu'r Llwydiaid yn flaenllaw iawn yn y fenter honno. Byddai'r teulu oll yn ffyddloniaid yno.

Roedd yr ysgoldy sinc hefyd yn gartref i'r Olmarch Arms. Byddai'r dafarn dan ei sang pan aethpwyd ati i osod y rheilffordd fel rhan o lein Aberystwyth – Caerfyrddin tua chant a hanner o flynyddoedd yn ôl. Yn ôl D. T. Lloyd defnyddid yr enw parchus ar y dafarn, yn enwedig os byddai yna ddiferyn yn cael ei yfed ar y Sul. Ond yr enw answyddogol oedd Tŷ-bach-y-lôn.

Un tro fe glywodd plismon Llanddewibrefi fod yna yfed anghyfreithlon yno un dydd Sul ac fe aeth draw yno. Gwelwyd ef yn dod a dyma'r yfwyr yn gosod eu hetiau dros y potiau peint a mynd ar eu gliniau i weddïo. Aeth y plismon allan yn dawel rhag tarfu ar y 'gwasanaeth'.

Yn ogystal â ffermio roedd Herbert Lloyd, er yn dioddef yn ddrwg o'r gwynegon yn grefftwr coed ac yn arbenigo ar lunio casgenni. Priododd â Marged o Bencaerau a Brynderw, Pencarreg.

Collwyd un o'r merched, Marged Elan yn bedair ar bymtheg oed o'r diphteria. Gweinidog y fro ar y pryd oedd T. E. Nicholas neu Niclas y Glais ac yn ôl D. T. Lloyd eto fe wnaeth Niclas gyfansoddi cerdd goffa iddi. Gydag wyth o blant roedd y teulu wedi ffurfio wythawd. Torrwyd ar hwnnw gyda marwolaeth Marged Elan ond daeth cymydog i'r adwy ac fe barhaodd yr wythawd mewn bodolaeth.

Byddent yn cystadlu mewn eisteddfodau a pherfformio mewn cyngherddau. Weithiau byddai'r wythawd yn troi'n ddau bedwarawd, neu'n ddau driawd.

Yr ieuengaf o'r wyth plentyn oedd Daniel Tom, neu D.T., wyneb a llais cyfarwydd fel arweinydd eisteddfodau, cyngherddau a nosweithiau llawen. Bu yntau'n ffermio ac yn prynu a gwerthu creaduriaid sef moch a thwrciod yn bennaf. Ef fyddai'n lladd ac yna'n teithio â'r cig lawr i'r de i ardaloedd Castell Nedd a Phorth Talbot. Dywedir iddo, pan oedd e'n grwt, gerdded gwartheg yr holl ffordd o'i gartref i Henffordd, taith o ymron bedwar ugain milltir un ffordd.

Fe briododd Daniel Tom â Claerwen, a nhw mae'n debyg oedd y pâr cyntaf i ymddangos ar y gyfres deledu Siôn a Siân. Ganwyd iddynt bump o blant, Margaret Wynn, Beryl Elizabeth, William Herbert Rhidian, Hannah Grace Rosalind a Sally Ada Lynne. Codwyd y pump i fynychu'r Ysgol Sul, y capel, eisteddfodau a chyngherddau.

Bu gyrfa Wynn yn y byd addysg ac mewn llyfrgellyddiaeth. Bu Rosalind yn arbennig o lwyddiannus gan ennill deirgwaith yn y Genedlaethol. Mae hi'n briod â Robin Reeves, cyn-newyddiadurwr gyda'r *Western Mail* a golygydd y *Welsh Review*. Fe enillodd Ada Lynne y drydedd wobr ar y messo soprano yn steddfod fawr Llanbed. Bu Lynne yn rhedeg tafarn y Prince of Wales yn Aberaeron lle agorwyd un o'r bariau cig eidion cyntaf yng Nghymru. Aeth Beryl i ddysgu tra mae Rhidian yn dal i redeg Olmarch Uchaf ac Ochr Coed.

Yn ôl D. T. Lloyd unwaith eto, fe fu saith o'r wyth plentyn, mwy neu lai yn gweithio ar y fferm. Dim ond pedair ar bymtheg oedd Marged Elen pan fu farw. Byddai merched yn gweithio lawn mor galed â'r dynion ar y fferm. Un o'r rhai a arhosodd adre oedd Mary Anna, er iddi ddioddef yn ddrwg ar un adeg o ddistroffi'r cyhyrau pan oedd hi'n ddeg ar hugain oed. Gofalwyd ar ei hôl gan chwaer hŷn, Elizabeth

Jane a'i brawd William James o hynny ymlaen.

Roedd Lizzie Jane a William James yn arbennig o hoff o gerddoriaeth gyda Lizzie'n organyddes yng Nghapel Ebenezer am ddeugain mlynedd a Wili'n godwr canu am hanner can mlynedd.

Rwy'n cofio mynd i'w gweld gyda Nhad i Ochr Coed a Myfanwy wedi dod adre o Lundain am fis i helpu. Yn ein disgwyl ni roedd gwydraid o sieri, a chyn pen dim roedd Wili wrth yr organ yn canu emynau allan o'r Caniedydd. Roedd hyn ganol y prynhawn ond byddai canu ar yr aelwyd ar unrhyw amser o'r dydd. Dyna oedd eu pleser a'u harferiad.

Nhad yn ddyn ifanc

Un o chwiorydd Nhad-cu oedd Sarah Ann, a gai ei hadnabod fel Sali B.J. Hi a'i gŵr Bernard wnaeth sefydlu siop enwog Benjamin John Jones yn Llanbed. Roedd hon yn fusnes oedd yn denu cwsmeriaid o bob rhan o Gymru a thu hwnt. Roedd y siop yn enwog am ei chroeso. O ble bynnag y deuai cwsmeriaid byddai Sali yno i'w croesawu a phaned. Ganwyd iddynt bedwar o blant sef Delia, Bernard, Wendy a Susan. Collwyd Susan yn ddeuddeg oed a hynny ar noswyl y Nadolig wedi iddi gael ei rhuthro i'r ysbyty. Bu Bernard yn ddisgybl yn Ysgol Wycliff cyn troi i weithio yn Harrods yn Llundain ac yna nôl i'r busnes yn Llanbed.

Fe aeth Sali ac un o'i chwiorydd, Susanna Myfanwy i Lundain yn ifanc, hynny yn y cyfnod pan fyddai llaethdy ar bob cornel, a'r rheiny fusnesau a gaent eu rhedeg gan Gardis alltud. Fe arhosodd Myfanwy yn Llundain lle priododd â John James, gynt o Dŷ'n Rhos, Rhydypennau. Ganwyd iddynt dri o blant gyda'r hynaf, Ifor yn feddyg yn Llundain ac yn flaenllaw iawn gyda Chymdeithas y Cymry yn Llundain.

Mae Ifor yn bedwar ugain oed eleni. Yn ystod y Rhyfel symudodd ef a'i frawd Merfyn lawr i Olmarch Uchaf fel Ifaciwîs gan fynychu Ygol Gynradd Llangybi. Dychwelodd Ifor yn 1943 a Merfyn y flwyddyn wedyn. Mae Merfyn nawr 75 mlwydd oed ond yn dal i gadw siop ddillad yn Rhosan ar Wy neu Ross on Wye. Bu farw Eira'r chwaer y llynedd ar ôl gyrfa ddisglair yn y byd nyrsio.

Yr hynaf o'r wyth oedd fy Nhad-cu, David Herbert Lloyd. Yn ogystal â gweithio ar y fferm byddai'n delio hefyd mewn creaduriaid. Roedd ganddo enw fel un oedd â llygad arbennig at asesu creadur. Medrai amcanu pwysau anifail ddim ond wrth edrych arno. Roedd e hefyd yn arbenigwr ar halltu cig moch ac yn ôl Nhad roedd y pŵer oedd ganddo yn ei freichiau yn amlwg wrth ei weld wrth ei waith. Priododd ef a Bessie yn Eglwys Llanddewibrefi yn 1918. Mae'r Parchg D. Ben Rees, Lerpwl – y gweinidog a'r awdur – o'r un teulu â Bessie.

Roedd Nhad yn un o bedwar o blant. Collodd ei frawd hynaf, Emlyn pan ffrwydrodd ei long danfor yn y Rhyfel yn 1941. Pan gyrhaeddodd y papurau swyddogol yn galw Emlyn i'r llynges roedd e gyda'i gefnder Ifor. Cofiai Ifor am y cyffro a deimlai Emlyn wrth feddwl am fynd i ryfel. Cofiai amdano fel dyn tawel, ffeind gyda chorff mabolgampwr.

Edrychai pawb ymlaen at y cynhaeaf llafur gan gychwyn oddi allan a gweithio i mewn yn gylch a âi'n llai ac yn llai. Câi cwningod eu gwthio tua'r canol a byddai Emlyn yn ddigon chwim i'w dal ar ras a'i ddwylo.

Roedd gan Nhad un chwaer, Gwendolyn. Fe briododd hi â Granville Lloyd-Lewis o Dyddyn Du ger Cribyn. Clerc yn y banc oedd Granville ac fe symudodd y ddau i Gaerdydd. Hoffter mawr Granville oedd chwarae cardiau ac fe gynrychiolodd Gymru mewn chwarae Bridge. Ganwyd iddynt ddau o blant, Malvina a Byron. Mae'r ddau'n byw yng Nghaerdydd a Malvina'n briod â Wyn Mears, sy'n amlwg yn y byd marchnata.

Brawd ieuenga Nhad oedd David Eifion. Bu hwnnw'n gweithio ym

Nhad yn nyddiau cynnar y busnes

Manc Lloyds am flynyddoedd. Roedd e hefyd yn chwaraewr rygbi disglair a fu'n chwarae ar lefel dosbarth cyntaf gyda Phenarth. Yn ddiweddarach bu'n gapten ar Amman United, lle darganfuwyd Shane Williams yn ddiweddarach. Roedd yr Aman yn dîm cryf iawn yn y dyddiau hynny gyda'r brodyr John a David Thomas yn mynd ymlaen i chwarae dros Lanelli a Trefor Evans yn mynd ymlaen i chwarae dros Abertawe a Chymru.

Y gêm fawr oedd y darbi leol rhwng yr Aman a Brynaman. Un tro fe aeth Eifion â fi i'r gêm a chefais gyfle i gwrdd â'r chwaraewyr yn y stafelloedd newid. Fe gafodd y profiad hwnnw gryn effaith arna'i.

Fe briododd Eifion ag Yvonne o Saron, Llandybie ac mae ganddyn nhw ferch, Samantha neu Sam Lloyd fel y caiff ei hadnabod fel cyflwynydd teledu.

Fe âi Nhad pan yn grwt i Ysgol Llangybi a gorfod cerdded milltiroedd ar draws y caeau ar ei ffordd yno ac ar ei ffordd adre. Wedyn fe symudodd y teulu i Greenacres, Stryd y Rheilffordd, Llanbed. Roedd amaethyddiaeth ar y pryd yn mynd drwy gyfnod gwael a bu'n rhaid i Tad-cu droi at ddull gwahanol o roi'r dorth ar y ford. Trodd at drapio cwningod. Roedd hon yn fusnes mawr adeg y Rhyfel ac yn ystod y blynyddoedd wedyn pan oedd bwyd yn brin.

Roedd y cartref nawr yn gyfleus gan mai ar y trên y cai'r cwningod eu hela bant. Ond fe fyddai hefyd yn gwerthu'n lleol i dafarn y White Hart, lle mae banc HSBC heddiw. Roedd y tafarnwr yn frawd i Evans Esgair, perchennog y siop tships o flaen Nhad.

Ar gyfer y gwaith fe fydde Tad-cu'n galw yn y gwahanol ffermydd, yn amcangyfrif faint o gwningod oedd ar y tir ac yna'n cynnig pris am eu dal. Yna fe fyddai'n cyflogi trapwyr - un ohonyn nhw oedd Tom Jones, neu Twm Trapwr - i osod trapiau. Byddai Nhad wedyn yn mynd o gwmpas y trapiau ac yn casglu'r cwningod.

Nid bob amser yr ai pethau'n hwylus. Weithiau byddent

Priodas Nhad a Mam gyda theulu Mam i'r chwith iddi a theulu Nhad i'r dde iddo ef.

yn canfod llai o lawer o gwningod nag a amcangyfrifwyd, hynny am y byddai'r ffermwr wedi mynd ati i ddal cwningod cyn i Tad-cu a Nhad gyrraedd.

Unig blentyn oedd Mam, Annie Dorothy o ardal Cellan. Ond roedd ei mam, Annie Mary'r ieuengaf o bedwar-ar-ddeg o blant. Mae cofnod i'w thad-cu hi gael ei eni ar 26ain o Fedi 1839 a'i mam-gu Margaret Davies gael ei geni ar 7fed Tachwedd 1861. Roedd David Davies, neu Dafi Sâr, Penpompren yn gapelwr ffyddlon ac yn gryf yn erbyn y ddiod gadarn. Ond fe ai i lawr i'r Fishers Arms gyda'r bechgyn ac eistedd y tu allan tra bydden nhw'n mwynhau'r hwyl y tu mewn cyn mynd adre gyda nhw. Mae mynwent Capel Cellan yn llawn o feddau teulu Penpompren.

Roedd pobol busnes yn rhan o deulu Tad-cu a Mam-gu Cellan hefyd. Roedd Wil yn rhedeg Borough Stores gyferbyn â'r siop tships ac Alfred yn rhedeg siop gemwaith yn Nhregaron tra'r aeth Jim i Lundain i sefydlu llaethdy llwyddiannus.

Y cymdeithion da

Credir fod dyfodiad siopau sglodion a physgod i wledydd Prydain yn mynd yn ôl i ganol y bedwaredd ganrif ar bymtheg. Penfras, mae'n debyg, fyddai'r pysgodyn mwyaf poblogaidd yn y dyddiau cynnar, a hwnnw wedi ei orchuddio â chytew (cymysgedd o fflŵr a dŵr) neu friwsion bara. O ran y sglodion, roedd tuedd ar y dechrau i dorri'r tatw'n dalpiau llawer brasach na'r rhai a geir heddiw.

Mae tatw fel cynhaliaeth yn mynd yn ôl i tua 3,000 o flynyddoedd Cyn Crist pan oedden nhw'n fwyd cyffredin i bobl yr Inca ym Mheriw yn Ne America. Credai'r Inca fod i'r daten nodweddion cyfriniol a byddent yn taenu gwaed lama drostynt wrth eu plannu. Yn dilyn concwest yr Inca gan y Sbaenwyr yn y 1530au, cyflwynwyd y daten i Ewrop gan genhadon, a daeth yn fwyd sylfaenol yn Sbaen tua 1570 ac yna yn yr Eidal, Ffrainc a Gwlad Belg yn arbennig. Yno y cychwynnodd yr arfer o ffrio tatws, mae'n debyg fel 'pommes de terre a la mode'. Dywedir i Marie Antoinette wisgo blodau tatws yn ei gwallt. Pan ai pysgod yn brin byddai pobl Ffrainc a Gwlad Belg weithiau'n torri tatw i ffurf pysgod a'u ffrio. Ceir cofnod am siop gwerthu sglodion yng Ngwlad Belg mor bell yn ôl â 1781.

Fe wnaeth tatw – ynghyd a thybaco – gyrraedd Gwledydd Prydain drwy Syr Walter Raleigh tua diwedd yr unfed ganrif ar bymtheg, er bod lle i gredu iddyn nhw gyrraedd cyn hynny. Fe sefydlodd Raleigh

Mae tatw fel cynhaliaeth yn mynd yn ôl dair mil o flynyddoedd cyn Crist.

wladfa yn Virginia, ac oddi yno y trefnodd i datw gael eu danfon i Iwerddon, lle'r oedd ganddo stad. Ond yn ôl un hanesyn, aeth Raleigh ati i fwyta'r aeron ar y gwrysg yn hytrach na'r gwreiddiau, ac fe daflodd y gweddillion i ffwrdd. Tipyn o dwpsyn. Er hynny, ef, mae'n debyg, oedd y Prydeiniwr cyntaf erioed i blannu tatw.

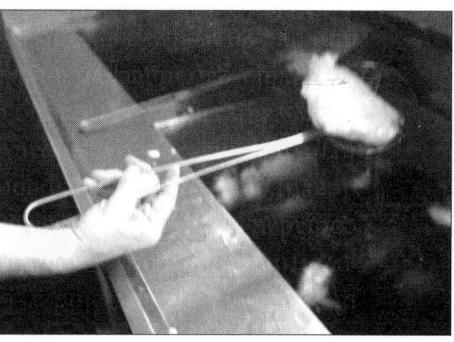

Mae pysgod fel bwyd yn mynd yn ôl i ddyddiau'r Hen Eifftiaid

Erbyn Arddangosfa Fawr Llundain yn 1851, roedd nifer o siopau sglodion wedi agor yng nghanol y ddinas. Tatw heb eu plicio a ddefnyddid, mae'n debyg. Yn Iwerddon daeth y daten yn fwyd sylfaenol, a chymaint oedd dibyniaeth y Gwyddelod arni fel i fethiant y cnwd o ganlyniad i bla tatws yn 1845 arwain at farwolaeth miliwn o bobl ac ymfudiad miliwn arall. Byddai'r Gwyddelod yn cychwyn plannu tatw ar Ddydd Gwener y Groglith ac yn taenellu dŵr sanctaidd drostynt wrth eu plannu. Roedd y daten wedi dechrau ymledu drwy weddill Prydain erbyn tua 1580. Arweiniodd rhyfeloedd America a Rhyfel Napoleon at lawer o blannu oherwydd ofnau am brinder grawn a chig.

Yna, gyda chychwyn y Rhyfel Mawr yr un fu'r stori, gyda thair miliwn o datw'n cael eu codi yn 1914. Cododd i bum miliwn, ac yna yn 1945 i naw miliwn. Erbyn ein dyddiau ni mae yna tua mil o wahanol fathau o datws yn cael eu plannu. Heddiw, tatws yw pedwerydd cnwd daear mwyaf poblogaidd y byd y tu ôl i reis, gwenith ac indrawn.

Mae hanes pysgod fel bwyd yn mynd yn ôl i ddyddiau'r hen Eifftiaid, a oedd y cynnal marchnadoedd lle gwerthid pysgod wedi'u halltu. Ym Mheriw, y wlad a roddodd i ni datw, roedd pysgod hefyd yn boblogaidd gyda rhedwyr yn null ras gyfnewid yn eu cludo i'r berfeddwlad o'r glannau.

Mabwysiadodd Cristnogion cynnar ffurf pysgodyn fel eu symbol cyfrin. Y gair Groegaidd am bysgodyn yw ichthus a defnyddiwyd y llythrennau i greu cymal acrostig sef *Iesoes Christos Theou Uiou Soter*, sy'n golygu Iesu Grist Mab Duw Gwaredwr. Mabwysiadwyd hefyd y syniad o ymprydio rhag bwyta cig ar ddydd Gwener, dydd Croeshoelio Crist a bwyta pysgod yn ei le. Gan ei bod hi'n anodd cael hyd i bysgod ffres y tu hwnt i'r porthladdoedd, bwyteid pysgod afon a llyn. Gyda dyfodiad gwell ffyrdd daeth yn haws cael pysgod môr y tu allan i'r porthladdoedd a'r trefi mawr. Yn 1786 cawn fod dros 500 o lwythi cert o bysgod wedi eu cludo o Brixham i farchnad bysgod enwog Billingsgate yn Llundain.

Yn yr 1830au, defnyddid rhew i gadw pysgod yn ffres ac erbyn 1852 bu'n rhaid ehangu marchnad Billingsgate. Gyda dyfodiad y rheilffordd, cai trenau pysgod eu rhedeg ac agorodd marchnadoedd pysgod ledled gogledd Lloegr ac yna tu hwnt. Erbyn 1880 roedd un o brif feddygon gwledydd Prydain yn cyhoeddi y gallai pysgod bellach ddisodli cig fel elfen sefydlog o ddeiet y bobl.

Datblygu ar wahân wnaeth siopau gwerthu tatw a physgod wedi'u ffrio. Eisoes yn yr 1840au roedd yna gerti a stondinau gwerthu tatw ar strydoedd Llundain, fel mewn dinasoedd a threfi mawr eraill. Gwerthid chwelciaid a llyswennod, te a choffi, cwrw sinsir a thatws poethion.

Tyfu ar wahân yn ddaearyddol wnaeth y ddau bryd i ddechrau. Roedd tatw wedi'u ffrio'n boblogaidd yng ngogledd Lloegr tra pysgod wedi'i ffrio'n ddwfn wedi dechrau dod yn boblogaidd yn Llundain yr un pryd. Yn wir, sglodion tatws oedd un o fwydydd sefydlog gogledd Lloegr. Credir i'r siop ffrio sglodion gyntaf agor yn Oldham yn 1860, lle mae marchnad Tommyfield heddiw. Daeth y ddau bryd ynghyd i weddnewid arferion bwyta yng ngwledydd

Prydain. Cai'r pysgod eu ffrio ar y dechrau mewn padelli bas, a chaent eu bwyta'n oer gyda thoc o fara.

Credir mai ffoaduriaid Iddewig o Bortiwgal a Ffrainc, wrth basio drwy rai o borthladdoedd y cyfandir wnaeth sylweddoli potensial marchnata'r bwyd. Fe ddechreuon nhw werthu pysgod wedi'u ffrio gyda thaten ffwrn a bara.

Roedd tatw wedi eu ffrio'n boblogaidd cyn canol y bedwaredd ganrif ar bymtheg. Ychwanegwyd y pysgod o ganlyniad i bysgota o longau treillio ym Môr y Gogledd. Ymledodd y bwyd o'r porthladdoedd pysgota'n araf i gychwyn. Ond gyda dyfodiad y trên, ymledodd ymhellach i'r dinasoedd ac i'r trefi yn ystod ail hanner y bedwaredd ganrif ar bymtheg.

Dywed rhai mai yn Llundain yn 1860, yn hytrach nag yn Oldham yr agorodd y dafarn datws gyntaf, yn Cleveland Street yn yr East End. Y perchennog oedd Iddew o'r enw Thomas Malin. Mynnai ef fod ganddo hen ewythr oedd yn cadw lle tebyg o'i flaen. Cyfunodd Malin sglodion tatws a physgod gan eu ffrio yn y dull kosher Iddewig. Fe symudodd ei fusnes yn 1884 i Old Ford Road.

Ond dywed eraill i'r siop gyntaf agor ym Mossley, Oldham yn Swydd Gaerhirfryn gan ryw Mr Lees yn 1863 mewn cwt pren cyn iddo symud wedyn i adeilad parhaol. Roedd e wedi ei ysbrydoli ar ôl gweld rhywun yn gwerthu sglodion yn Oldham. Cyn hynny byddai Lees yn gwerthu traed moch a photes pys.

Wyr neb yn iawn erbyn hyn pwy oedd yr arloeswr cyntaf oll. Roedd yna hen wraig, Granny Duce yn gwerthu sglodion ganol yr 1860au cyn iddi sefydlu cadwyn o gabanau'n gwerthu cacennau pysgod yn Llundain. Pwy bynnag oedd y cyntaf, daeth y cyfuniad o bysgod a sglodion yn rhan annatod o fwyd Oes Fictoria.

Fe ddaeth y cyfuniad hefyd yn boblogaidd iawn ymhlith y dosbarth gweithiol. Dim rhyfedd, gan ei fod e'n fwyd rhad.

Fel arfer, cysylltir bwyd rhad â bwyd di-faeth. Ond mae sglodion a physgod yn llawn maeth ac yn isel mewn colesterol.

Am flynyddoedd, gwerthu allan oedd y siopau sglodion a physgod. Yna, yn 1896 agorwyd y tŷ bwyta cyntaf i arbenigo ar sglodion a physgod gan Samuel Isaacs yn Whitechapel, Llundain. Iddew oedd Isaacs, a gwerthai'r prydau gyda bara menyn a the am naw ceiniog y tro. Slogan Isaacs oedd 'This is the Plaice' a phan oedd ei fusnes ar ei anterth roedd ganddo ddeg ar hugain o siopau pysgod a sglodion yn Llundain a de Lloegr. Lledodd y syniad yn gyflym gyda'r tai bwyta'n darparu lliain bwrdd, blodau ac, wrth gwrs, llestri tsieni a chyllyll a ffyrc. Roedd hwn yn gam chwyldroadol drwy i fwyta allan ddod o fewn cyrraedd poced y dosbarth gweithiol. Daeth y tai bwyta hyn yn boblogaidd yn Tottenham Court Road, St Pancras, y Strand, Hoxton, Shoreditch a Brixton. Yna gwelwyd y ffasiwn yn ymledu i drefi glan môr fel Clacton, Brighton, Ramsgate a Margate.

Yn yr Alban, agorodd dyn o Wlad Belg, Edward de Garnier gaffi pysgod a sglodion yn Dundee yn yr 1870au. Eidalwr, Guiseppi Cervi oedd un o arloeswyr cyntaf Iwerddon gyda'i gert fechan deithiol cyn iddo ymsefydlu yn Great Brunswick Street, neu Pearse Street heddiw. Byddai ei wraig yn holi cwsmeriaid: 'Uno di questa, uno di quell?' Hynny yw: 'Un o'r hyn ac un o'r llall?' Ac fe gyfeirir at bysgod a sglodion gan rai yn Nulyn o hyd fel 'One on one'.

Fel yr Iddewon o'u blaen, fe welodd ymfudwyr Eidalaidd botensial sglodion a physgod. Nhw, yn bennaf, wnaeth ledu poblogrwydd y pryd drwy'r Alban, Iwerddon a Chymru'n arbennig.

Tân glo, gyda llond llestr bas o olew ar ei ben oedd y dull cyntaf o ffrio. Yna, yn yr 1870au datblygwyd gratiau neu 'ranges' gan ryw Mr Dyson, a gynlluniodd un ac a'i harchebodd o ffowndri haearn. Dilynwyd hyn gan gwmnïau arbenigol fel 'The Davy Machine Company' o Leeds a 'Faulkner and Rouse' o Oldham. Hyn wnaeth alluogi'r dull o ffrio dwfn, sy'n dal yn boblogaidd.

Yng nghymoedd diwydiannol de Cymru, cyn dyfodiad y siopau pysgod a sglodion, ac yna'r caffis byddai rhai o'r gwragedd lleol yn paratoi a gwerthu bwyd o'u cartrefi. Un o'r prydau mwyaf poblogaidd oedd ffagots a phys, a gaent eu paratoi ddwywaith yr wythnos, ar nosau Mawrth a Gwener. Byddai'r prydau, fel arfer, yn gwerthu am tua dwy geiniog y tro. Dim rhyfedd i ffagots barhau'n boblogaidd gyda dyfodiad y siopau a'r caffis sglodion.

Yr Eidalwyr fu'n gyfrifol am gychwyn llawer iawn o siopau a thai bwyta ledled cymoedd glofaol de Cymru. Credir mai'r Eidalwr cyntaf i ddod i Gymru i redeg busnes arlwyo oedd Giacomi Bracchi ar ddiwedd yr 1880au. Dilynwyd ef gan lu o'i gydwladwyr, y mwyafrif mawr o dref Bardi yn nyffryn Ceno yn y gogledd orllewin. Daeth yn arferiad i gyfeirio at Eidalwyr cymoedd y de fel Bracchis. Teuluoedd cynnar eraill i ddod drosodd i dde Cymru oedd y Bernis a'r Rabaiottis. Morgannwg yw trydedd ardal fwyaf poblog Eidalwyr a ymfudodd i wledydd Prydain. Fe ymgymerodd y mwyafrif mawr o'r mewnfudwyr hyn â'r diwydiant arlwyo gyda'u caffis, siopau sglodion a physgod a pharlyrau hufen ia.

Aelodau o deulu Berni o Ferthyr Tydful, Frank ac Aldo wnaeth gychwyn cadwyn tai bwyta y Berni Inns. Agorwyd y cyntaf, Rummers ym Mryste yn 1955. Nhw wnaeth gyflwyno coctel corgimychiaid fel cwrs agoriadol. Roedd y dewis o brif gwrs, yn naturiol, yn cynnwys pysgod a sglodion, yn arbennig lledennod. Gwerthwyd y gadwyn yn gyntaf i Grand Metropolitan ac yna ymlaen i Whitbread.

Mae arferion paratoi a bwyta sglodion a physgod wedi amrywio o'r dechrau o ran daearyddiaeth. Fyny yng ngogledd Lloegr cai'r pysgod – hadog a chegddu fel arfer –

eu ffrio mewn dripin cig eidion – neu weithiau mewn lard – tra yn y de, ac yng Nghymru, penfras fu'r ffefryn o'r dechrau, a hwnnw wedi ei ffrio mewn olew llysieuol, olew cnau daear yn bennaf.

Yn fuan, datblygodd y bwyd i fod y pryd cario allan mwyaf poblogaidd yng ngwledydd Prydain. Drwy'r ddau Ryfel Byd, hwn oedd y pryd a wnaeth gynnal y werin. Oherwydd ei boblogrwydd, dyma, bron iawn, yr unig fwyd i beidio â chael ei ddogni dros yr Ail Ryfel Byd. Yn wir, yn ei gyfrol 'Fish and Chips and the English Working Class' fe aeth John Walton mor bell â mynnu i'r bwydydd hyn chwarae rhan bwysig mewn ennill y rhyfel. 'Gwyddai'r Cabinet ei bod hi'n holl bwysig i gadw teuluoedd ar y ffrynt cartref mewn hwyliau da' meddai. 'Yn wahanol i'r gyfundrefn Almaenaidd, a fethodd gadw'u pobol wedi eu bwydo'n dda, dyma un o'r rhesymau pam y gorchfygwyd yr Almaen. Gall haneswyr fod weithiau'n ffroenuchel am y pethau hyn ond fe wnaeth pysgod a sglodion chwarae rhan flaenllaw mewn creu bodlonrwydd ac i gadw anniddigrwydd draw.'

Cytunai Churchill ar bwysigrwydd y pryd. Disgrifiodd sglodion a physgod fel 'Y Cymdeithion Da'. A mynnai George Orwell yn *The Road to Wigan Pier* yn 1937 fod pysgod a sglodion wedi achub Prydain rhag gwrthryfel.

Gyda physgod a sglodion yn bartneriaeth mor berffaith, prin y byddai angen unrhyw ychwanegiad arnynt ar wahân i halen a finegr, bara menyn a phaned o de. Ond yna dyma bys slwdj yn ennill eu plwyf fel rhan o'r wledd.

Roedd pys slwdj eisoes yn bodoli yng ngogledd Lloegr fel pryd ynddo'i hun. Cynnwys pys slwdj, yn syml, yw merbys wedi eu sychu ac yna'u socian dros nos mewn dŵr, gyda phinsied o siwgr a halen, ac weithiau mint. Yn wir, gellid eu disgrifio fel potes pys wedi tewychu.

Mae pys fel bwyd yn mynd yn ôl 8,000 o flynyddoedd.

Yn wir, dyma un o'r cnydau cyntaf erioed i ddynoliaeth eu tyfu. Roedden nhw'n fwyd i'r Groegiaid a'r Rhufeiniaid a bu potes pys a phwdin pys yn boblogaidd yng ngwledydd Prydain ers y Canol Oesoedd.

Yn eu ffurf naturiol, melyn yw lliw merbys. Ychwanegwyd lliw artiffisial i'w troi'n wyrdd. Ceisiwyd cyflwyno rheoliadau yn gwahardd ychwanegu lliw artiffisial. Ond yn wahanol i'r gred gyffredinol, ni cheisiodd Brwsel wahardd pys slwdj. Bellach maen nhw bron iawn a bod yn rhan annatod o bryd pysgod a sglodion.

Mae'r hyn a ychwanegir at bryd o bysgod a sglodion yn amrywio o ran daearyddiaeth. Yn yr Alban, sos brown yw'r ffefryn a sos coch yng ngweddill y DG. Yng Ngwlad Belg mae *mayonnaise* yn boblogaidd.

Cadwyn siopau pysgod a sglodion hynaf ac enwocaf gwledydd Prydain yw Harry Ramsden, gyda 35 o fannau gwerthu, un ohonynt yn ardal y dociau yng Nghaerdydd. Mae ganddo ganghennau hefyd yn Singapore a Sawdi Arabia. Agorodd ei gaffi cyntaf ar Ragfyr 20 1928 mewn cwt pren yn Guiseley, Gorllewin Swydd Efrog ar ôl benthyca £150. Yna benthycodd £2,000 ac agor yr hyn a alwai'n 'barlwr pysgod a sglodion'. Roedd hwn yn lle moethus gyda charpedi, paneli derw ar y waliau a chanwyllyriau'n crogi o'r nenfwd. Hwn yw'r caffi pysgod a sglodion mwyaf yn y byd gyda lle i 250 fwyta yno. Gweinir miliwn o gwsmeriaid y flwyddyn yno. Ar un adeg roedd Harry Corbet, a greodd y pwped Sooty yn chwarae'r organ yno. Roedd Harry'n nai i Harry Ramsden. Erbyn hyn, perchnogion y gadwyn yw Granada.

Yn anffodus, ar i lawr mae niferoedd y tafarnau tatws yng ngwledydd Prydain. Yn 1910 roedd yna 25,000. Cododd y nifer i 35,000 erbyn 1929 ond erbyn 2009 roedd y nifer wedi disgyn i tua 8,500. Er hynny, credir fod y nifer heddiw yn 12,000. Yn 1995 fe werthwyd 300 miliwn o brydau pysgod a sglodion yng ngwledydd Prydain, sy'n cyfateb i chwe phryd i bob dyn, menyw a phlentyn. Y record hyd yma yw i un tafarn datws werthu dros bedair mil o brydau mewn un diwrnod. Heddiw mae siopau sglodion a physgod yn gyfrifol am werthu chwarter cyfanswm y pysgod gwyn ynghyd â deg y cant o datws gwledydd Prydain. Amcangyfrifir fod trigain mil o dunelli o bysgod yn cael eu ffrio mewn siopau pysgod a sglodion y DG bob blwyddyn a 500,000 tunnell o datw gyda'r trosiant o ran gwerthiant dros £650 miliwn.

Erbyn hyn mae bwydydd cyflym fel byrgyrs, cyw iâr, pitsa a bwydydd Indiaidd a Tsineaidd wedi goddiweddyd gwerthiant pysgod a sglodion. Y rheswm am hyn yw codiadau mawr mewn prisiau pysgod oherwydd prinder a ddaeth o or-bysgota. Mae penfras a chorbenfras yn prinhau. Er hynny mae nifer y siopau pysgod a sglodion yn y DG ddwywaith yn fwy na'r nifer o dai bwyta Indiaidd.

Dydi'r garfan iechyd a diogelwch ddim yn help. Doedd dim byd yn well gan gwsmeriaid na mynd adre â physgodyn a sglodion wedi eu lapio mewn papur trwchus, a hwnnw yn ei dro wedi ei lapio mewn papur newydd. Rhoddwyd pen ar hynny ddiwedd yr wythdegau oherwydd ofnau am wenwyn yn inc y papurau newydd. Mae sôn wedyn am dafarnau tatws yng ngogledd Lloegr yn gorfod darparu potiau halen heb fod ynddynt fwy na saith twll! Yna dyma godi ofnau am beryglon bwydydd a gaiff eu ffrio'n ddwfn. Eto i gyd, mae pysgod a sglodion yn cynnwys llai o galorïau a braster na bwydydd poblogaidd eraill. Yn wir, mae yna 686 yn llai o galorïau mewn pryd o bysgod a sglodion na'r hyn a geir mewn doner cebab.

Ond mae biwrocratiaeth yn rhemp. O dan Reoliadau'r DG ac Iwerddon 2003, chaiff tafarnau tatws o fewn i ambell awdurdod bellach ddim hysbysebu Pysgodyn a Sglodion ar fwydlen. Rhaid i ni nawr ddefnyddio enw rhywogaeth y pysgodyn fel bod y fwydlen yn darllen, er enghraifft, 'Penfras a Sglodion', neu 'Corbenfras a Sglodion'.

A chofiwch am le pysgod a sglodion mewn llenyddiaeth. Yn *A Tale of Two Cities* yn 1859 fe ysgrifennodd Charles Dickens am 'Husky chips of potatoes fried with some reulctant drops of oil'. Yn Oliver Twist mae e'n cyfeirio at 'a fried fish warehouse'. A beth am Gymru? Er mor hyfryd yw'r pryd traddodiadol hwn, yn nofel enwog T. Rowland Hughes a gyhoeddwyd yn 1944 fe ddywedodd William Jones wrth ei wraig am gadw'i 'blydi chips'!

Dechrau'r fenter

Mae hanes busnesau pysgod a sglodion yn Llanbed yn feicrocosm o hanes y diwydiant ledled de a gorllewin Cymru. Eidalwr ddaeth yma gyntaf i sefydlu busnes, a hynny yn 1933. Ei enw oedd Attilio, neu Arthur Conti ac mae un o'r meibion, Leno yn dal i redeg caffi yn y dref. Yn wir, mae Caffi Contis yn enwog ac yn rhan annatod o hanes tref Llanbed.

Tair ar ddeg oed oedd Arthur pan adawodd dref Bardi. Teithiodd ar draws Ffrainc a dal llong i un o borthladdoedd de Lloegr. Glaniodd gyda thair ceiniog yn ei boced, ei unig eiddo ar wahân i set o ddillad isaf mewn bag papur brown. Llwyddodd i gyrraedd Ystradgynlais, lle'r oedd yna Eidalwyr eisoes wedi ymsefydlu. Ei unig gysylltiad oedd aelodau o deulu Bracchi, ac iddyn nhw y dechreuodd e weithio. Fe gafodd ei drin yn wael, mae'n debyg. Hyd yn oed ar ei

Leno Conti – ei dad wnaeth agor y siop pysgod a sglodion gyntaf yn Llanbed

Tystysgrifau yn tystio i lwyddiant hufen ia enwog Leno yng Nghaffi Conti

brynhawniau rhydd, ef fyddai'n gorfod golchi'r llestri.

Pan dorrodd y Rhyfel Mawr fe aeth adre i'r Eidal i ymladd dros ei wlad cyn dychwelyd at y Bracchis. Ei freuddwyd, fel pob ymfudwr arall o'r Eidal, oedd cael ei siop ei hun. Un dydd fe ddigwyddodd gyfarfod â'i dad bedydd, aelod o deulu Obotelli yn Ystradgynlais. A dyma hwnnw'n dweud wrtho fod siop wag gerllaw. Heb fawr ddim ffws, dyma Obotelli'n mynd i'r banc ac yn trefnu benthyciad i Arthur ar gyfer cychwyn busnes.

O dipyn i beth fe wnaeth yr ymfudwr tlawd ymsefydlu. Yna, ag yntau ar ymweliad â Bardi cyfarfu â'i ddarpar wraig, Maria. A dyma'r ddau'n cychwyn teulu, a chael chwech o blant. Ond bu farw Maria ar enedigaeth y plentyn ieuengaf.

Tyfu wnaeth y busnes. Agorodd siop arall yng Nghlydach – yno y ganwyd Leno – a thair siop yng Nghasnewydd. Yna agorodd lefydd ym Mhontarddulais, Llanbed, Caerfyrddin a Llanfair-ym-Muallt. Yn Llanbed roedd ganddo ddwy siop, y caffi lle mae Leno'r mab o hyd, a'r siop lle mae'n busnes ni nawr. Yno, uwchben y siop oedd teulu Conti'n byw. Roedd y lle yn agored tan ddeg o'r gloch bob nos.

Yn anffodus, doedd y caffi pysgod a sglodion ddim yn talu. Am bob chwe cheiniog a gymerai Arthur, roedd e'n colli hanner coron. Dyna pryd wnaeth y teulu symud i Lanfair ym Muallt cyn dod yn ôl yn ddiweddarach i Lanbed i ganolbwyntio ar y caffi arall ar Sgwâr Harford, sy'n dal i fod yn llewyrchus.

Roedd Arthur wedi cofnodi ei hun yn ddinesydd Prydeinig, felly ni ddioddefodd dynged lawer o'i gyd-Eidalwyr o gael ei roi dan glo pan ymunodd yr Eidal â Hitler adeg yr Ail Ryfel Byd. Er hynny, carcharwyd rhai o'i frodyr. Felly hefyd Obotelli. Arestiwyd ef a'i ddal mewn gwersyll garchar er bod dau o'i feibion ym myddin Prydain, un ohonynt yn gwarchod ei dad ei hun yn y gwersyll. Ond er i Arthur gael llonydd, cafodd y rhyfel effaith andwyol iawn ar y busnes. Fe werthodd Arthur ei siop ym Mhontarddulais i berchennog y siop drws nesaf am bris y stoc yn unig.

Nhad a Mam ym mlodau eu dyddiau pan oedden nhw'n ennill gwobrau am ddawnsio

Ymhlith y stoc yn y siop, yn ôl Leno, roedd digon o bacedi *Aspirin* yn y stordy fyny'r llofft i wenwyno Cymru gyfan!

Treuliodd Leno, sy'n dal i redeg y caffi a agorwyd gan ei dad, gyfnod yn yr Awyrlu cyn dod yn ôl i Lanbed yn 1948. Ac yno y mae o hyd, ag yntau nawr yn bedwar ugain oed. Mae ei hufen ia yn enwog. Enillwyd dwsinau o wobrau dros y blynyddoedd y bu Leno'n rhedeg y caffi. Mae Leno yn un o gymeriadau mwyaf Llanbed a chafodd ei anrhydeddu gan y Cyngor a chan y Brifysgol am ei wasanaeth i'r dref ac i'r coleg. Derbyniwyd teulu Conti yn Llanbed o'r dechrau. Pan gyhoeddodd Mussolini ei fod e'n ymuno â Hitler yn yr Ail Ryfel Byd clywyd cnoc ar ddrws cefn y caffi am ddau o'r gloch y bore. Yn sefyll yno roedd Arolygydd yr heddlu a phlismon. Eu neges i Arthur oedd iddo beidio â gofidio. Doedd yna ddim unrhyw berygl y cai ei gymryd i'r ddalfa.

Byr fu cyfnod Conti yn y siop sglodion a physgod gyntaf yn Llanbed. Gwerthwyd y siop i ddyn busnes lleol, Dan Evans, neu Evans Esgair. Roedd e'n dod o ardal Nanthenfoel rhwng Llanbed a Phumsaint. Yn ôl Leno, gwerthwyd y cyfan, yn fusnes, adeilad, celfi ac offer a'r stoc am £300.

Yn ôl merch Daniel Evans, Ceinwen fe brynodd ei tad y siop i'w fam yn wreiddiol, i'w rhedeg tra dymunai hi. Roedd hi eisoes yn gwerthu ffagots a phys slwdj o'i chartref ar ben draw Ffordd y Porthmyn. Roedd y bwyd yn boblogaidd iawn, mae'n debyg gyda chiw hir y tu allan bob amser. Roedd Daniel Evans yn awyddus i brynu siop Conti er mwyn atal cystadleuaeth yn bennaf. Mae'n debyg fod y fam wedi rhedeg y lle am tua dwy flynedd. Yna cymerodd y mab drosodd. Doedd y lle ddim yn gwneud rhyw fusnes mawr ar y dechrau ond fe ddaeth yn llwyddiannus iawn wedyn, mae'n debyg pan ddaeth criw o filwyr i wersylla yn ardal Llanybydder.

Roedd Dan Evans yn ddyn o flaen ei amser. Cyn bod sôn

Fi, Melanie a Desnee gyda Nhad a Mam

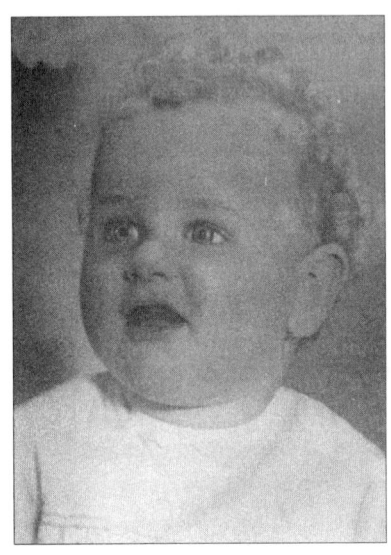

Fi yn fabi, ac am flynyddoedd yr unig fachgen ymhlith merched

am gamerâu cylch cyfyng, fe wnaeth e osod drychau mewn mannau cyfleus. Ac o un man arbennig gallai gadw golwg ar y siop gyfan, y til, y lle gweini a'r byrddau. Yn 1949 fe wnaeth Nhad brynu'r busnes oddi wrth Evans Esgair.

Pan ddaeth siop tships Llanbed ar y farchnad doedd gan Nhad ddim dwy geiniog i rwbio yn ei gilydd. Ystyriodd brynu'r siop mewn partneriaeth â'i frawd yng nghyfraith. Ond yn y diwedd fe aeth ar ei liwt ei hun. Yn y fflat uwchben y siop doedd dim dŵr na thoiled ar y dechrau. Arferai Mam ddisgrifio sut fyddai hi'n ein golchi ni blant mewn twba ar lawr y siop o flaen y *Rayburn*.

Cyn geni fy mrawd bach ro'n i'r unig fachgen ymhlith pump o chwiorydd. Fy mrawd yw'r cyw melyn olaf, a rown i'n falch ei weld e'n cyrraedd. Cyn hynny, dyna ble'r oeddwn i - yr unig fachgen - byth a hefyd yn gorfod ymbalfalu yng nghanol dillad isaf merched. Ar un adeg bu'r pum chwaer fyny ar yr un pryd yn Llundain. Melanie yw'r hynaf, wedyn fe ddaeth Desnee a finne wedyn. Yna dyma Annette yn dod, a Sharon a Mandy'n cyrraedd ar ei hôl hi, ac wedyn Mark, sydd lawr yn Abertawe. Fe ddaeth Sharon adre o Awstralia'n ddiweddar ar gyfer pen-blwydd Mam yn 86 oed. Mae pawb ond fi felly ar wasgar o'r hen fro.

Doedd neb o'r teulu ag unrhyw brofiad o'r busnes gweini. Nhad gychwynnodd y cyfan. Yn wir, fe wnaeth e ddechrau gwneud risols o'i rysáit ei hun ac fe ddaethon

Ni'r plant cyn dyfodiad y brawd bach

Y teulu gyda Mam-gu sef mam fy Mam wedi i ni symud i fyw i Lys Teifi

nhw'n boblogaidd iawn. Maen nhw'n dal i gael eu gwneud yn ôl rysáit Nhad ac mor boblogaidd ag erioed. Mae Dee, fy mhartner wedi etifeddu'r ddawn o'i gwneud nhw. Cyfrinach fawr Nhad, ddywedwn i, oedd ei fod e'n gwybod beth oedd y cwsmer yn ei hoffi, ac yn ateb y gofynion.

Fe ddechreuodd y risol ddod yn boblogaidd, mae'n debyg, yng nghymoedd y De. A'r syniad oedd taflu i mewn i'r gymysgedd unrhyw beth oedd yn mynd yn wastraff, ei drochi mewn cytew, ei ffrio a'i werthu dros y cownter. Ond roedd risols Nhad wedi eu creu fel blasusfwyd go iawn. Roedd e'n mynd mas o'i ffordd i'w gwneud nhw drwy ddefnyddio cig coes oen gyda winwns a sbeisys o'i ddewis ei hunan a'u gwneud nhw'n fwyd arbenigol yn hytrach na'u gwneud nhw allan o sborion.

Roedd rhywbeth arbennig yn y risols. Fe fydde merched ifanc oedd yn gweithio yma, ar ôl bwyta risols Nhad yn aml yn beichiogi. A Nhad wedyn yn dweud wrthyn nhw fod ei risols ef yn cynnwys rhyw nodweddion cudd oedd yn arwain

Hen lun o'r teulu ar fwydlen y siop

at ffrwythlondeb. Mae'r ffaith ein bod ni'n dal i'w gwneud nhw yn rhyw fath o ddolen gyswllt rhwng y ddwy genhedlaeth.

Fe fyddai Nhad hefyd yn gwneud ffagots o'i rysáit ei hunan. Yn draddodiadol, ffordd arall o ddefnyddio sborion oedd ffagots. Ond ddim iddo ef. Roedd e'n defnyddio'r cig o'r ansawdd gorau bob tro.

Pan wnaethon ni gychwyn, pysgod a sglodion oedd yr unig ddewis, bron iawn. Yna fe ddechreuodd cyw iâr a sglodion ddod yn boblogaidd. Ond fel siop ffish a tships oedd y lle'n cael ei adnabod, a dyna beth yw'r lle o hyd gyda dros dri chwarter y prydau'n bysgod a sglodion. Roedd y bwyd gwerthu allan a bwyta'i mewn yn eithaf cyfartal. Fuodd yna ddim erioed ymgais i baratoi bwyd ffansi. Pysgod a sglodion a the a bara menyn oedd – ac yw'r – brif ddarpariaeth. Yn y dyddiau cynnar cai'r bara menyn ei werthu fesul tafell, pedair tafell am tua cheiniog yr un.

Hen stesion Llanbed cyn iddi gau ddechrau'r chwedegau. Yma y byddem yn mynd i gasglu'r pysgod o'r trên

Bara a menyn lleol fyddai'r cyfan, wrth gwrs. Roedd dwy siop fara, yn crasu eu bara eu hunain, o fewn tafliad carreg a digon o fenyn ffarm i'w gael yn lleol wedyn. Doedd yna ddim rhewgelloedd bryd hynny felly fydden ni ddim yn prynu stoc fawr o fenyn gan na wnâi e gadw'n hir. Ond roedd e'n fwyd iach. Ble gai chi fwyd iachach na ffrwyth y môr a ffrwyth y tir yn dod at ei gilydd?

Rwy'n ymdrechu i gael y tatw gorau i mewn bob tro ac rwy'n fodlon talu dros y pris arferol amdanyn nhw. Fel arfer, tatw o Swydd Lincoln fyddai'n prynu. Bydd llond bag yn amrywio o rhwng pum punt ac un-bunt-ar-ddeg. Fe fyddai'n edrych am datw sy'n gyson o ran maint a'u siâp gyda chnawd melyn sy'n troi'n lliw aur o'u ffrio. Bydd y tatw'n dod lawr yn gyntaf i Lanelli i ganolfan sy'n arbenigo ar datw ac sy'n cyflenwi siopau sglodion ledled de a gorllewin Cymru. Fel arfer bydd angen llwyth bob wythnos.

Mae'r pysgod y dyddiau hyn yn dod o Ynysoedd Ffaro.

O fewn pedair awr ar hugain o'u dal maen nhw wedi cael eu prosesu – eu pennau wedi eu torri bant, wedi eu ffiledu a'u digroeni, eu torri i'r maint iawn a'u rhewi. Mae'r cyfan yn digwydd ar y cychod pysgota. Ni sydd wedyn yn paratoi'r cytew a thrwytho'r ffiled ynddo. Ry'n ni'n hen ffasiwn hefyd yn ffaith mai ni sy'n torri'r pysgodyn a thorri'r tatw'n sglodion. Mae llawer o'r siopau pysgod a sglodion nawr yn prynu'r tatw i mewn wedi eu torri rhag blaen. Mae hyn yn arbed ar brynu peiriannau plicio a thorri, y naill yn costio tua thair mil o bunnau a'r llall tua dwy fil a hanner. Mae angen talu staff i wneud y gwaith. Felly mae mwy a mwy yn prynu'r sglodion i mewn, a'r rheiny'n aml wedi eu hanner ffrio eisoes.

Penfras yw'r pysgodyn mwyaf poblogaidd gyda ni o hyd. Er y gallwn i weini unrhyw bysgodyn, bron iawn. Yn y chwedegau fe ddechreuodd sgampi ddod yn boblogaidd, yn dilyn poblogrwydd prydau mewn basged mewn tafarndai. Ac mae sgampi'n boblogaidd o hyd. Mae e'n bryd bach ysgafn delfrydol.

Yn y dyddiau cynnar, pan ddes i'n ddigon hen fe fyddwn i – fel y plant eraill – yn rhoi help llaw. Erbyn y chwedegau fe fydden i yn y siop byth a hefyd gan i Nhad osod jiwc bocs yno. Yma y byddai'r bobl ifanc yn tyrru i wrando ar holl sêr y cyfnod, o Elvis i Perry Como. Roedd hi'n ffordd dda o ddenu busnes, yn arbennig ymhlith yr ifanc. Roedd un arall yng nghaffi Contis wedyn.

Roedd diwedd y pumdegau a dechrau'r chwedegau'n gyfnod prysur iawn yn gyffredinol yn Llanbed. Roedd y trên yn dal i redeg tan tua chanol y chwedegau, ac ar y trên y byddai'r pysgod yn cyrraedd - cegddu o borthladd Milffwrdd. Byddai'r llongau treillio'n dod â nhw mewn o Fôr Iwerddon. Fe fyddem ni blant yn mynd lawr i gwrdd â'r trên i'r stesion bob nos Iau ac yna'n dod nôl gan wthio crât yn llawn pysgod nôl i'r siop ar y gert fach. Fe fyddai'r crât pren

Cownter hen siop Nhad

yn un anferth ac yn cynnwys talpiau o rew er mwyn cadw'r pysgod yn ffres.

Yn y dyddiau hynny fe fydde'r pysgod yn cyrraedd yn gyfan a heb eu paratoi. Nhad fyddai'n eu ffiledu – torri'r pennau bant a thynnu allan y perfedd. Roedd stafell oer wedyn yn y cefn i'w cadw nhw. Ar ôl eu ffiledu fe fyddai angen eu trochi mewn cytew.

Tatw lleol fydden ni'n eu prynu. Nid mewn bagiau bryd hynny ond fesul llwyth trêlyr. A'r llwyth yn cael ei ollwng rownd y cefn yn yr ardd, ac yna'u rhofio'i mewn i'r sied. Weithiau fe fyddai'r tatw'n egino cyn i ni eu plicio. Hoff daten Nhad oedd y King Edward, a wnaeth e ddim newid ei feddwl hyd y diwedd. Iddo fe, King Edward oedd brenin y tatw.

Roedd y gwaith yn mynd ymlaen tan yn hwyr y nos, a hynny bob nos. Fe fydden ni ar gau ar ddydd Sul, ond bob nos Sul byddai angen paratoi erbyn y bore wedyn. Doedd yna fawr ddim amser i hamddena neu orffwys.

Ond roedd gan Nhad un ddefod. Yn yr iard gefn, cyn cychwyn gwaith fe fydde fe'n cael sesiwn o ymarfer corff. Roedd ganddo fe'r holl offer yn cynnwys 'chest expander' a

Golygfa arall o hen siop Nhad. Fe aeth buwch allan drwy'r ffenest gyferbyn.

'punch ball'. Teimlai ei bod hi'n bwysig cadw'i bwysau'n rheolaidd ar 12 stôn a 7 pwys. Er ei fod e'n hynod o ffit, roedd e'n dioddef o glefyd y siwgr. Rwy'n cofio, pan oeddwn i'n blentyn, ei weld e'n chwistrellu ei hunan, a'r nodwydd weithiau'n plygu wrth iddo'i gwthio i'w gnawd. Byddai wastad yn cadw bar o siocled y tu ôl i'r peiriant ffrio rhag ofn y disgynnai lefel y siwgr yn ei waed yn rhy isel.

Roedd e'n ddiwrnod hir iddo fe. Cychwyn am naw y bore, plicio'r tatw wedyn cyn agor y siop. Roedd ganddon ni beiriant arbennig ar gyfer hynny, peiriant a elwid yn 'Rumbler'. Bryd hynny, ychydig o datw ar y tro wnâi'r peiriant ei ddal. Mae'r peiriannau heddiw yn cymryd sachaid o datw ar y tro.

Torri'r tatw wedyn i fyny yn tsips. Doedd dim peiriant yn bodoli ar gyfer y gwaith hwn ar wahân i offer llaw gyda phob taten yn cael ei phrosesi, un ar ôl y llall. Roedd Nhad mor gyfarwydd â'r gwaith fel y byddai'n cydio mewn llond dwrn o datw a'u taflu nhw'i mewn i ddannedd y torrwr, a reolai â'i law arall. Anaml y gwnâi fethu.

Yn ddiweddarach daeth peiriant trydan ar y farchnad

gyda set o gyllyll yn symud yn ôl ac ymlaen drwy grid ar ffurf bloc. Heddiw mae yna beiriant cylchdroi sy'n gyflymach fyth.

Ar ôl torri'r tatws byddai angen cychwyn y peiriant ffrio, dyfais sydd wedi newid llawer ers y dyddiau cyntaf. Ers blynyddoedd bellach ry'n ni wedi bod yn ffrio mewn olew llysieuol. Ond mae'r arferiad yn amrywio. Yn Swydd Efrog dim ond dripin gaiff ei ddefnyddio. Mae'n holl bwysig cadw'r olew'n ffres ac yn lân. Mae yna ffilterau o rwyllau mân ar y farchnad sy'n medru hidlo'r olew, un a gaiff ei adnabod fel *Miroil*. Yn wir, erbyn heddiw mae modd hidlo'r olew tra bod y bwyd yn ffrio.

Wedi'r holl baratoi byddai Nhad, am unarddeg o'r gloch y bore yn agor drws y siop i'r cwsmeriaid. Ac ar ôl gorffen gwaith y siop erbyn hanner nos fe fyddai Nhad yn helpu Mam i olchi a smwddio'n dillad ni'r plant. Doedd y gwaith ddim yn gorffen.

Tra bu e'n rhedeg y siop, ac wedi i fi gymryd at yr awenau, dwi ddim yn meddwl i Nhad fynd un diwrnod heb bryd o fwyd yn cynnwys sglodion. Bob dydd hefyd, ar ddiwedd y shifft prynhawn, fe fyddai'n galw am beint yn y King's Head gerllaw. Roedd e'n ei haeddu.

Roedd ganddo fe staff, wrth gwrs. Fe fyddai ganddo fe bob amser ddwy o ferched rheolaidd y medrai ymddiried ynddyn nhw, gan alw mwy i mewn yn ôl y galw. Ar wahân i werthu bwyd i'w gludo allan, roedd ganddon ni saith neu wyth o fyrddau ar gyfer bwyta'i mewn.

Yn y dyddiau hynny roedd Llanbed yn lle prysur iawn gyda marchnad bob yn ail ddydd Mawrth. Ar yr adegau hynny fe fydde'r pafin mor llawn, fe fyddai'n rhaid i lawer gerdded ar y stryd a gwibio rhwng y ceir, y loris a'r bysus. Fe fydde dydd a nos Sadwrn yn arbennig o brysur gyda'r sinema yn Neuadd Fictoria'n dangos y ffilmiau diweddaraf. Byddai bysus yn dod fyny o'r de a lawr o gyfeiriad y Bont a

Thregaron. Byddai'r tafarndai'n orlawn a phawb eisiau ffish a tships cyn mynd adre. Ar noson ffair fe fyddai'r dre fel Bedlam.

Fyddai nos Sadwrn ddim yn gyfan, wrth gwrs heb ffish a tships a photel o *Vimto* i orffen y noson. A'r pysgod a sglodion wedi eu boddi â finegr a'u gorchuddio â halen. Roedd yna fachan o'r Bont, Dic Davies a elwid yn Dic Bach yn arfer disgrifio'i nos Sadwrn ddelfrydol yn Llanbed fel: 'Llond bol o gwrw, ffish a tships, ffeit ac – os oedd amser – menyw.'

Fe fedra'i gofio sglodion yn cael eu gwerthu mewn bagiau gwahanol faint, a'r prisiau'n amrywio o dair ceiniog am y bag lleiaf, pedair ceiniog am fag maint canolig a chwe cheiniog am y bag mwyaf. A'r cyfan wedi eu lapio mewn papur gwrthsaim ac yna'r cwbl yn cael eu lapio eto mewn papur newydd. Chawn ni ddim gwneud hynny bellach, wrth gwrs.

Roedd ganddon ni gystadleuaeth yn y dre. A'r siopau hynny'n llawn mor brysur â ni. Yn wir, roedd Caffi Blaenpant a Newbridge yn union ar draws y stryd. Ond mae cystadleuaeth wastod wedi bod yn beth da. Mae e'n cadw rhywun ar flaenau'i draed.

Byd addysg

Ein hoff bryd ni fel plant y siop oedd pysgodyn, risol, sglodion a ffa pob a Vimto. Ond roedd gofyn i ni weithio amdano. Roedd disgwyl i bawb ohonon ni blant wneud ein rhan a rhoi help llaw. Plicio tatw, cymryd arian ar y til neu olchi'r llawr neu olchi llestri. Roedd rhaid i ni i gyd, yn ein tro, rolio'n llewys fyny a phitsio mewn. Er mai Nhad oedd yn ei redeg, busnes teuluol oedd e yng ngwir ystyr y gair.

Fe gafodd y saith ohonon ni blant flynyddoedd plentyndod hapus iawn. Gan ein bod ni'n blant y siop tships, fe fyddai ganddon ni ddigon o ffrindiau. A phan fyddai angen help nawr ac yn y man fe fyddai'r plant eraill yn rhuthro i helpu gan wybod y byddai yna botel o *Vimto* yn dâl. Peth arall poblogaidd iawn oedd hylif pys wedi ei arllwys dros ein sglodion yn y bag. Rhyw fath ar fersiwn denau o bys slwdj oedd hwn, yn wir doedd e ddim byd mwy na dŵr gwyrdd o'r pys, ond fe fydden ni'r plant yn dwli arno.

Mae gen i atgofion hyfryd am y siop yn yr hen ddyddiau. Yr atgof sy'n mynnu aros hiraf ar fy nghof yw dod adre o'r ysgol un prynhawn yn 1960 a gweld fod un o'r ffenestri wedi malu. I mewn â fi, a dyma gael y stori. Roedd gwartheg yn cael eu gyrru o'r mart heibio'r siop lawr i'r lladd-dy ger Capel Frondeifi pan benderfynodd un fuwch gerdded i mewn drwy ddrws y ffrynt. Mae'n debyg iddi gerdded o gwmpas y byrddau rhwng y cwsmeriaid ac yna penderfynu neidio allan drwy un o'r ffenestri. Yn y *Swansea Evening Post* y diwrnod wedyn roedd pennawd: 'It's not a bull in a china shop but a cow in the fish and chip shop!'

Fe aeth y saith ohonon ni yn ein tro i Ysgol Ffynonbedr, ysgol oedd yn darparu ar gyfer tua dau gant o blant. Er gwaetha'r ffaith ein bod ni'n blant y siop tships, fe wnaethon ni i gyd gael cinio ysgol. Dyna pam na fedrai stumogi pwdin sego hyd y dydd heddiw.

Bwydo'r Bobol

Yn gapten ar dîm rygbi'r ysgol yn 1970 pan fyddwn yn chwarae dros dîm rygbi'r dref hefyd

Maes rygbi Tref Llanbed. Bûm yn chwarae dros y clwb o ddyddiau ysgol uwchradd

Roeddwn i wrth fy modd yn yr ysgol. Ac fe fyddai pob math o weithgareddau'n gysylltiedig ag Ysgol Ffynonbedr. Yr Urdd, er enghraifft. Ro'n i'n aelod o'r criw dawnsio gwerin a'r côr canu gwerin, ac fe wnaethon ni ennill nifer o wobrau cenedlaethol. Fe wnes i gystadlu fel unawdydd hefyd, ond heb fawr o lwyddiant. Yng ngofal yr Aelwyd roedd Miss James Brynllys a Dan Williams. Fe ddeuai gweithgareddau'r Aelwyd ar ben gweithgareddau'r Urdd yn yr ysgol.

Fy athro olaf yn y dosbarth uchaf cyn i fi fynd ymlaen i'r ysgol fawr oedd Dan Evans, Aberaeron. Roedd e'n bysgotwr brwd iawn. Yn nes ymlaen fe wnes i ddod nôl fel athro cyflenwi yn yr hen ysgol pan oedd Moc Morgan, pysgotwr hyd yn oed mwy brwdfrydig yn ei gofal. Rwy'n cofio, fel rhan o'm dyletswyddau, mynd â chriw o ddisgyblion fyny i ganolfan gweithgareddau awyr agored y Diffwys uwchlaw Tregaron.

Beth bynnag, roedd ein cyfnod ni blant, rhwng y gweithgareddau oedd yn gysylltiedig â'r ysgol, Aelwyd yr Urdd a'r capel yn un llawn a hapus. Er bod Nhad yn mynnu cael ei beint ar ddiwedd y shifft prynhawn, ac weithiau gyda'r nos, roedd e'n gapelwr ffyddlon ac yn flaenor yng nghapel yr Annibynwyr yn Soar. Fe wnâi ef a Mam yn siŵr hefyd ein bod ni blant yn mynychu'r capel deirgwaith bob dydd Sul am 52 wythnos o'r flwyddyn, a hynny am sawl blwyddyn. Fe fyddem ni'r plant yn cael cwpanau am fynychu'r Ysgol Sul yn ddifwlch am flwyddyn. Mae gen i lond silff o gwpanau o hyd. Ar ben y cyfan fe fydden ni blant, bob nos Lun yn y gaeaf, yn mynychu'r *Band of Hope* yn festri Soar. Yno fe fydden ni'n cymdeithasu ac yn trafod materion y dydd gyda'n gilydd. Fe gychwynnwyd hefyd glwb ieuenctid, er na fu hwnnw'n rhyw lwyddiant mawr. Rhwng popeth mae'n rhyfeddod bod ganddon ni amser i helpu yn y siop. Ond fe fydden ni.

Do, cefais blentyndod a llencyndod hapus iawn. Yn bedair-ar-ddeg oed cefais y profiad o ddofi fy ngheffyl cyntaf. Roedd y bywyd cefn gwlad yn bwysig iawn i fi. Byddwn yn pysgota am frithyll yn y Dulas a'r Creuddyn. Dyma ddal fy eog cyntaf ar y Teifi'n bymtheg oed, pysgodyn ffres deg pwys a finne'n ei werthu yng ngwesty'r Llew Du gan wario'r arian ar offer newydd.

Yn yr ysgol uwchradd, mathemateg oedd fy hoff bwnc. Yno hefyd y dechreuais chwarae rygbi gan ddod i fwynhau'r gamp yn fawr. Bum yn ddigon ffodus i gael fy newis yn gapten ar y tîm cyntaf ac yna cael fy newis i chwarae dros dîm cyntaf clwb y dref, a minnau'n dal yn yr ysgol.

Poster o oes aur Clwb Rygbi Llambed pan fyddem yn chwarae yn erbyn timau mawr fel Llanelli

O'r ysgol fe wnes i fynd ymlaen i Goleg Polytechnig Morgannwg, a ddaeth wedyn yn rhan o Brifysgol Morgannwg. Yn y coleg fe wnes i arbenigo ar ddadansoddi systemau. Yno cefais hefyd y fraint o fod yn gapten y tîm rygbi cyntaf, a hynny yn fy mlwyddyn gyntaf. Yn yr ail flwyddyn, a finne'n dal yn gapten, fe wnaethon ni ennill Cwpan Polytechnig Gwledydd Prydain. Fe leolwyd y gêm yn y Stoop yn Llunden. Fe deithiodd Nhad fyny i weld y gêm gan gau'r siop sglodion am y tro cyntaf erioed. Tra yn y Coleg Polytechnig cefais fy newis i chwarae dros dîm Gwledydd Prydain.

Yn gapten tîm Polytechnig Morgannwg ar gyfer y gêm yn erbyn tîm Coleg Polytechnig Nottingham

Roedd fy mryd yn dal ar ddysgu ac fe wnes i fynd ymlaen wedyn i Goleg Cyncoed, Caerdydd. Yno fe wnes i hefyd ddilyn cwrs hyfforddi Undeb Rygbi Cymru gan feddwl y gallai ddod yn ddefnyddiol yn ddiweddarach. Roedd y cwrs yn addas ar gyfer hyfforddi mewn ysgolion a cholegau yn ogystal â hyfforddi clybiau. Yng Nghyncoed y gwelais i un o'r pethe mwyaf anhygoel i mi ei weld erioed. Fe gynhaliwyd pencampwriaeth athletau Gwledydd Prydain yno gyda'r cystadleuwyr yn dod o golegau gorau'r DG. Fe enillwyd y naid uchel gan fyfyriwr oedd â dim ond un coes!

Nôl â fi ar ddiwedd y cwrs i Lanbed, gan ddisgwyl y cawn i swydd ar unwaith. Ond na, doedd dim byd yn mynd. Fel cymaint o athrawon o Gymru fe wnes i droi fy ngolygon tuag at Lundain. Fyny a fi i chwilio am waith. Roedd fy mhum chwaer yno eisoes. Roedd gen i nifer o gyfweliadau ar y gweill. Yna, un bore dyma fi'n cael fy hun yn sownd mewn tagfa wrth i fi gael fy nal yn ôl gan oleuadau traffic am chwarter awr. Y bore wedyn fe wnes i droi am adre. Doedd Llundain ddim y lle i fi.

Fe wnes i wedyn gynnig fy enw i'r awdurdod addysg lleol fel athro cyflenwi, a dyna pryd wnes i ymuno â Moc Morgan yn Ysgol Ffynonbedr am gyfnod. Yna fe ges i waith dros dro yn Ysgol Uwchradd Llanbed. Fe fues i hefyd yn dysgu yn Ysgol Highmead, Llanybydder, canolfan breswyl ar gyfer plant dan anfantais. Fe wnes i fwynhau'r gwaith hwnnw'n fawr. Wedyn fe wnes i ddysgu yn Ysgol Gynradd Llandysul, lle'r oedd Tom Evans yn brifathro. Yna fe ges i flwyddyn yn Ysgol Uwchradd Aberaeron yn dysgu mathemateg ac ychydig rygbi. Ac ar ddechrau'r wythdegau dyma fi'n cael swydd barhaol yn Ysgol Gyfun Penweddig yn Aberystwyth, lle bues i am ymron saith mlynedd, eto'n canolbwyntio ar fathemateg a rygbi.

Tua'r adeg hon ro'n i wedi dechrau cadw cobiau Cymreig ac yn chwilio am ychydig o dir. Fe brynais un erw ar bymtheg am fil o bunnau'r erw oddi wrth Jac Rhydygwin, Temple Bar. Ond yn fuan wedyn bu'n rhaid i fi werthu rhan ohono am fod y taliadau llog ar y benthyciad yn rhy uchel.

Roedd y bywyd cefn gwlad yn y cyfnod hwn yn un braf iawn. Byddai'r tafarndai'n llawn hwyl a sbri ag adloniant ym mhobman. Byddai Breian wrth yr organ a Dafydd Edwards, Plas y Bryniau'n canu yng Nghefnhafod, Gorsgoch. Yn y Tair Pedol yng Nghribyn byddai'r brodyr Glyn ac Orwel, Treberfedd yn canu, chwarae'r piano ac yn dawnsio, y ddau wedi ymddangos gynt yn y *Music Halls* yn Llunden. Yn Nhafarn Bach Pontsiân byddai Dai Esgair yn fawr ei groeso i bob ymwelydd gan eu diddori nes eu bod yn gorfod dal eu hochrau wrth chwerthin. Mae llun Emrys yn y Fronfelen, Temple Bar yn dal gafr â'i thraed blaen ar ben bloc ac ebol swci yn ei sugno.

Roedd yna noson fawr yn y Tafarn Bach yng nghwmni'r

Ffermwyr Ifainc. Roedd y lle yn orlawn pan adawodd un o'r cymeriadau lleol lygoden fawr yn rhydd. Ni chlywyd erioed y fath sgrechian gyda'r merched â'i sgertiau fyny i'w canol yn neidio o ben un bwrdd i'r llall.

Tripiau rygbi wedyn. Ers dechrau'r saithdegau fe fu criw ohonom yn dilyn a chefnogi tîm Cymru gartref ac i ffwrdd. Ffrind da a chwmni heb ei ail fu Emyr o Fydroilyn. Un tro roedd y ddau ohonom yn y Royal Dublin yn yfed peints pan gyrhaeddodd criw o'r Tafarn Bach. Roedd y lle'n orlawn pan ddechreuodd Eifion chwarae gyda'i 'lygoden', sef pyped ar flaen ei fys. Cyn hir gwelwyd Eifion ar ei liniau yn y bar. Fe aeth y merched oedd yn gweini draw ato i weld beth oedd yn bod. Yno oedd Eifion yn chwilio am Charlie'r llygoden. Yma eto dyma'r merched yn neidio ar ben stolion, crâts cwrw a byrddau tra roedd ciw mawr yn disgwyl wrth y bar am gwrw. Er holl ymbiliau'r rheolwr, wnâi'r merched ddim tynnu'r un peint nes i Eifion, o'r diwedd, ail-ganfod Charlie ar flaen ei fys.

Coffa da wedyn am Islwyn Banc, gofalwr caeau a gerddi'r ysgol am flynyddoedd yn y Royal Oak. Fe aeth allan i'r tŷ bach. A'r peth nesaf glywodd mynychwyr y bar oedd Islwyn yn canu ar dop ei lais: 'I've got the whole world in my hands!'

Rwy'n cofio hefyd y tro cyntaf i mi gwrdd ag Eirwyn Pontsiân, a hynny yng Nghefnhafod, Gorsgoch. Dyma Eirwyn yn dwyn ar gof adeg pan fu'n bartner i Nhad ar y trawslif. Roedd cael dau i dynnu trawslif yn gofyn am gryn gydweithio gyda'r naill a'r llall yn tynnu a gollwng yn rheolaidd. Y diwrnod wedyn dyma fi'n sôn am y sgwrs wrth Nhad uwch y cinio dydd Sul. Y gwir amdani oedd mai Nhad oedd yn gorfod gwneud gwaith y ddau. Ef fyddai'n gorfod tynnu a gwthio tra mai dim ond dal y llif wnâi Eirwyn. Hyfryd iawn!

Roedd rygbi'n bwysig iawn yn Llanbed. Roedd Llanbed

yn un o un clwb ar ddeg ddaeth at ei gilydd i sefydlu Undeb Rygbi Cymru. Fe sefydlwyd yr undeb yn 1881 yng Ngwesty'r Castell yng Nghastell Nedd. Gyda Llanbed roedd Llandyfri, Llanelli, Caerdydd, Casnewydd, Abertawe, Pontypŵl, Llandeilo, Bangor, Merthyr Tydful ac Aberhonddu. Wedyn fe ymunodd Coleg Llanbed a Choleg Llandyfri.

Fe ddathlwyd y canmlwyddiant yn Llanbed yn 1981 gyda gemau yn erbyn timau dosbarth cyntaf Cymru fel Castell Nedd, Llanelli a Crawshays. Cefais y fraint o fod yn hyfforddwr yr Hoelion Wyth – y clwb bryd hynny oedd Lawrence Davies, Kevin Doyle ac Aubrey Morris. Roedd Dic, tad Aubrey ac Alan yn un o'r cefnogwyr ffyddlonaf, yn seiclo fyny bum milltir o Bencarreg ar gyfer pob gêm. Bryd hynny roedd clwb Llanbed yn cael ei ystyried ychydig o dan statws dosbarth cyntaf. Roedd ganddon ni bac digon mawr i roi gêm i unrhyw un. Yn wir, fe wnaethon ni chwarae yn erbyn Pontypridd yma mewn gêm gwpan gan golli o drwch y blewyn. Bryd hynny roedd y gêm yn ffafrio pac mawr. Roedd hawl cicio i'r ystlys o'r tu fas i'ch lein dwy ar hugain eich hunan. A chan fod Aubrey'n fachan mor fedrus a chwim fel mewnwr, y dacteg fyddai gweithio'n ffordd fyny'r ystlys a'i fwydo ef.

Ein gelynion mawr oedd Aberystwyth. Yn y dyddiau hynny yn y saithdegau doedd dim dulliau soffistigedig cymorth cyntaf yn bodoli, dim ond bag yn cynnwys poteliad o ddŵr a'r 'magic sponge'. Ond pan fyddai Llanbed yn chwarae yn erbyn Aber, fe fyddai ambiwlans wrth law bob amser. Roedd hi'n rhyfel cartref.

Rown i'n mwynhau dysgu, ond ddim yn hoff o'r gyfundrefn. Roedd dyfodol yr athro yng nghlwm wrth air y prifathro. Rwy'n cofio ffrind i fi, Hywel Jones a oedd yn athro cydwybodol ac yn rhoi popeth i'w waith gan dreulio oriau'n gweithio y tu allan i oriau ysgol. Roedd ei wraig e'n disgwyl plentyn, a dyma hwn yn mynd at y prifathro i ofyn am fwy o gyflog a chael eu gwrthod. Roedd hwn yn gweithio bob awr ginio, yn gweithio ar ôl i'r ysgol gau bob prynhawn a phob penwythnos. Roedd e'n helpu gyda'r eisteddfodau gan ei fod e'n gerddor. Helpu wedyn gyda barddoni ac adrodd. Helpu gyda'r cyngherddau Nadolig. Ond wedi'r holl wasanaeth, dyma'r prifathro'n gwrthod ei gais. Fe deimlais i bryd hynny nad oedd hynny'n iawn. Doedd y system ddim yn deg. Mae Hywel erbyn hyn yn Brif Weithredwr Mudiad Meithrin Cymru ac wedi ei anrhydeddu am ei gyfraniad tuag at addysg feithrin yng Nghymru.

Fe fu gadael y byd addysg yn benderfyniad mawr. Dwi ddim yn gweld eisiau'r gwaith dysgu o gwbl ond rwy'n gweld eisiau'r plant. Fe wnes i ddysgu pob oedran. Pan wnes i orffen ym Mhenweddig ro'n i'n dysgu fyny i Lefel 'A'. Mae gen i atgofion melys am y plant. Dyna'i chi Sarah Strong yn ysgol fach Llandysul. Ro'n i'n dysgu ychydig o wyddoniaeth i'r dosbarth, a'r plant yn dewis gwahanol anifeiliaid i'w hastudio. Tuag wyth oed oedd Sarah pan gododd ei llaw i ofyn cwestiwn: 'Syr, fedrwch chi ddweud wrtha'i pryd mae tymor cenhedlu'r *Duckbilled Platypus*?' Roedd hi'n hollol ddifrifol.

Yn Aberaeron wedyn yn Nosbarth 2 fe fydden ni'n cychwyn pob gwers gyda'r bois yn ail adrodd jôcs o raglen deledu *The Comedians* y noson cynt. Fe fyddai'r dosbarth yn chwerthin nes eu bod nhw'n sâl. Dyma beth fyddai'r testun am y deng munud cyntaf. Yna fe fydden nhw'n setlo lawr i'w gwaith am weddill y wers heb unrhyw drafferth. Hwn oedd un o'r dosbarthiadau gorau ges i erioed mewn unrhyw ysgol. Wnes i ddim gorfod eu cwrso am yr un gwaith cartref erioed. Fe fyddai pob un i mewn ar ei amser ac wedi ei orffen yn llawn.

Rwy'n cofio wedyn mynd fyny i Lundain gyda chriw o

ddisgyblion Penweddig i'r Ffair Aeaf yn Smithfield. Cyn mynd adre fe wnaethon ni benderfynu fel athrawon fynd â'r disgyblion i weld y goleuadau yn y West End. Doedd y rhan fwyaf ohonyn nhw ddim wedi bod ymhellach na Chapel Bangor. Fe dreulion ni hanner awr dda ar wahanol drenau tanddaearol ar ein ffordd. Erbyn i ni ddod allan o'r sioe roedd goleuadau Llundain wedi ymddangos. Dyma ni allan o'r twnel tanddaearol yn Piccadilly, a'r goleuadau neon yn eu holl ogoniant. Ac wrth ddod allan o'r tywyllwch i'r sbloet goleuni llachar dyma lais bach yn codi o blith y disgyblion: 'Effin hell, beth yw'r lle 'ma!'

Roedd cyflogau ar raddfeydd bryd hynny, a'r prifathro oedd yn pennu'r swm. Yn fy achos i, fe fyddwn i'n teithio fyny bob dydd o Lanbed a theithio adre. Yn aml fe fyddwn i'n dyfarnu gemau neu fod yng ngofal tîm yr ysgol gyda'r nos neu ar fore dydd Sadwrn. Rown i wrthi bob awr ginio a hynny'n wirfoddol am fy mod i wrth fy modd yn helpu disgyblion. Ac fe wnes i feddwl bryd hynny y gallwn i fod â gwraig a theulu rywbryd ac mewn angen mwy o gyflog. Ble oedd hyn yn fy ngadael i? Fyddwn i ddim mewn sefyllfa gyffyrddus. Felly, gan nad oedd gen i ddim dyletswyddau teuluol, dim teulu, dim morgais fe wnes i roi'r ffidil yn y to a bwrw bant am Awstralia.

Gwlad yr addewid

Y cam cyntaf, gydag Awstralia mewn golwg, oedd gwneud cais i'r Awdurdod Addysg am gael cymryd blwyddyn bant heb gyflog. Ond na, doedden nhw ddim yn hapus. Gwrthodwyd fy nghais. Iawn, medde fi, rwy'n gadael fy ngwaith beth bynnag, a mynd. Fe ddaeth y flwyddyn ysgol i ben ac yna, yn dilyn yr arwerthiant cobiau ar y trydydd penwythnos ym mis Hydref, bant â fi. Fe wnes i hedfan ar ddydd Mawrth a chyrraedd ar ddydd Iau. Ar y dydd Sadwrn cyntaf roedd sioe geffylau ar faes sioe Sydney. Amseru perffaith.

Yn y sioe fe wnes i gwrdd â newyddiadurwraig, Gene Makim oedd yn gweithio ar gylchgrawn amaethyddol oedd yn cyfateb i'n *Farmers Weekly* ni. Dyma hi'n gofyn beth o'n i'n ei wneud yno. Finne'n ateb a dweud fy mod i wedi dod draw i'r sioe. 'Rwyt ti wedi teithio ffordd bell,' medde hi. 'Ydw', medde fi, 'ond mae hi'n werth y drafferth.' Hanner awr yn ddiweddarach roedd hi nôl yn gofyn a fyddai gen i ddiddordeb mewn cydweithio â hi fel gohebydd. A dyna wnes i.

Profodd Gene i fod yn gymeriad cryf a chwmni da. Roedd ganddi gysylltiadau cryf yng Ngwledydd Prydain drwy un o'i meibion oedd wedi priodi â merch yr Uwchgapten Ferguson, sef chwaer Sarah Ferguson, cyn-wraig y Tywysog Andrew. Ceffylau oedd y cysylltiad eto gan fod meibion Gene yn frwd fel chwaraewyr polo. Ar yr adeg oeddwn i allan yno roedd brawd Gene, sef Jack Scott yn lansio'i gyfrol *Fair Crack of the Whip*, hanes ei fywyd yn y gwyllt yn Awstralia.

Fe wnes i fynd o amgylch gwahanol ddigwyddiadau yn ymwneud â cheffylau. Un tro ro'n ni'n gweithio ar stori am ganolfannau i geffylau pedigri a oedd wedi dod i ben eu gyrfa

Allan yn Awstralia gyda ffrind newydd gan lwyr anghofio'r byd addysg

neu'n gorffwys ar ôl anaf. Pwy oedd yno ond Joe Bugner, y bocsiwr byd-enwog. Digwyddiad arall fues i ynddo oedd Cynhadledd Ceffylau Arab y Byd. Roedd yno Arabiaid o fath arall yno hefyd, nifer o Sheiks o'r Dwyrain Canol oedd â diddordeb mawr mewn ceffylau. Dyna ble o'n i, bachan o siop ffish a tships yn bwyta *canapés* a *caviar*. Blasus iawn, ond ddim cystal â bwyd siop Nhad.

Doeddwn i ddim yn gweithio am gyflog ond yn hytrach am fy nghadw. Ond roedd hon yn ffordd ddelfrydol o dalu am fy nghynhaliaeth tra'n ymweld â phob math o bobl a digwyddiadau diddorol. Fe barodd y gwaith hwnnw am dri mis.

Fe wnes i fwynhau Awstralia'n fawr a chael fy nhemtio i fyw yno. Petai hyn yn digwydd nawr, fe fyddwn i'n ystyried yn ddifrifol aros yno. Ond ar y pryd roedd y bywyd cefn gwlad Sir Aberteifi'n ffynnu, a phawb yn cyd-dynnu a chyd-gymdeithasu. Roedd Llanbed yn llawn bywyd. Erbyn heddiw mae bywyd cefn gwlad wedi dirywio'n fawr iawn.

Mae'r canolfannau traddodiadol fel swyddfeydd post, siopau a thafarnau'n cau. Mae'r mannau cyfarfod fel y marchnadoedd yn edwino a llawer wedi cau. Roedd Awstralia'n wlad â dyfodol iddi.

Fe wnes i symud o Sydney i Melbourne gan ddilyn yr arfordir. Ar y ffordd dyma benderfynu galw'i mewn i fwyty Tsineaidd moethus yr olwg. Fe wnes i archebu eitemau o'r fwydlen, a oedd yn cynnig wyth cwrs a photel o win. Roedd yno awyrgylch arbennig gyda phianydd o Rwsia yn y gornel yn chwarae grand piano. Dyma godi a mynd i'r toiled ac yno hefyd roedd y pianydd. Y cyfan ddwedes i wrtho oedd ei longyfarch ar ei chwarae. Diolchodd, ac aeth yn ôl at y piano a finne at fy mwyd. Yna dyma fe'n dechre chwarae Hen Wlad fy Nhadau! A dyma fe'n hitio'r swîts hiraeth! Yng nghanol y lle crand yma oedd dan ei sang dyma fi'n bloeddio'r geiriau allan a'r pianydd yn wên o glust i glust. Dyna'i chi sefyllfa. Rwsiad yn chwarae anthem genedlaethol

Mwynhau sioe amaethyddol yn Awstralia gydag un o'r dangoswyr

Cymru mewn tŷ bwyta Tsineaidd yn Awstralia a Chymro'n bloeddio canu, a'i emosiwn yn cael y gorau ohono!

Teithiais lawr i blith mynyddoedd y Dandenongs yng nghyffiniau Melbourne yn Victoria lle bu tân anferth a laddodd saith ar hugain o bobl yn 1983. Fedrwn i ddim credu bod y tân wedi teithio'r union bellter ag sydd rhwng Llanbed a Chaerfyrddin mewn dim ond awr o amser. Tipyn cynt na'r trên a arferai deithio rhwng y ddwy dre! Roedd y mwg i'w wynto o hyd ar yr awel.

Daliais ar y cyfle i ymweld â gwahanol fridfeydd merlod a chobiau Cymreig yn yr ardal a chwrdd â Claire Allstran a oedd yn cadw stoc go fawr yn cynnwys pum march. Un ohonyn nhw oedd Hewid Dafydd, a fridiwyd gan Gareth Evans, Blaengors, Dihewyd ac wedi'i allforio rai blynyddoedd yn gynharach. Roedd yno nifer o gesig a Claire yn gyfrifol am oruchwylio'r gweithredu rhwng march a chaseg, a hynny o'i chadair olwyn gan ei bod hi'n anabl.

Fe wnes i deithio'n ôl i Sydney drwy Wagga-wagga. Wedyn dyma fynd fyny mynydd Tamborine ger Brisbane. Yno fe wnes i aros gyda Jess a Vern Cork. Roedd Vern yn gampwr ar ymarfer milgwn yn Queensland. Dros swper fe gefais syndod mwyaf fy mywyd wrth i un o'r gwesteion, nad oedd wedi fy ngweld nac wedi clywed amdanaf erioed o'r blaen, fynd ati i fy nadansoddi. Roedd hi'n adnabod fy nghymeriad yn well nad oedd Mam, hyd yn oed. Hyd yr adeg honno dim ond mymbo jymbo oedd yr honiad y gallai rhywun ddarllen meddwl rhywun arall. Ond ddim nawr.

Fe wnes i fynd draw i Cairns a'r Barrier Reef ac yna teithio i Hawaii, lle bydd yr olygfa o donnau Sunset Beach yn oedi'n hir yn y cof. Yno roedd pobol oedd yn mwynhau bywyd, ond roedd poced y Cardi'n rhy wag i hynny. Felly, MOM! Mas o 'ma fu'r hanes a theithio draw i San Francisco, Hollywood a Las Vegas. Pan ddaeth yn amser talu doedd gen i ddim arian ar ôl. Roedd y ffynnon wedi sychu. Yno ro'n i yn Downtown Los Angeles a dim ond meddwon y stryd yn gwmni. Doedd gen i ddim arian ar unrhyw ffurf, dim yn fy mhoced, dim yn y banc, dim yng nghownt y gymdeithas adeiladu. Y cyfan oedd gen i oedd tri chae nôl yn Temple Bar, a'r rheiny'n fawr ddim help yn y sefyllfa y cefais fy hun ynddi.

Yr unig ateb fu cysylltu ag Eifion, brawd Nhad oedd yn gweithio mewn banc. Fe drefnodd hwnnw i anfon arian drwy un o fanciau LA. Gyda phoced wag, cyfeiriais fy nhrwyn tuag at Gymru ac adre.

Ar ôl cyrraedd adre cefais waith y tu ôl i far y Talbot yn Nhregaron. Y perchennog oedd Sally Williams, a oedd ei hun wedi treulio cyfnod yn Wagga-wagga. Roedd Sally'n ferch arbennig iawn a lwyddodd i godi'r Talbot ar ei draed. Fe allai Sally gerdded i mewn i unrhyw swydd yn ymwneud â lletygarwch. Roedd rhedeg busnes o'r fath yn ail natur iddi.

Tua'r un amser fe ddechreuais godi tŷ ar dir Rhydygwin wedi ei gynllunio ar y tŷ beudy traddodiadol Cymreig. Roedd Jac wedi bod yn cadw gwartheg yno am flynyddoedd. Bum yn ddigon ffodus i gael help crefftwr o'r iawn ryw, Meic Daniels o Lwyn-y-groes. Roedd ganddo ddywediad addas iawn: 'Mae dechrau gwaith am wyth o'r gloch yn golygu deg munud i wyth'. Mae'r dywediad hwnnw wedi aros gyda fi hyd heddiw.

Codwyd y bwthyn mewn amser byr. Ar ôl gosod y slab daeth Eric fy mrawd yng nghyfraith, Morlais Pugh a John Peel draw ar fore dydd Gwener. Erbyn unarddeg o'r gloch fore dydd Llun roedd pob bloc yn ei le. Cedwais yr un enw ar y tŷ, sef Rhydygwin. Ond enw mwy addas, hwyrach, fyddai Cartref Teirnos.

Fe wnes i fwynhau fy nghyfnod yn y Talbot er ei fod e'n lle peryglus. Yn wir, mae'r lle'n enwog drwy Gymru. Doedd yno ddim oriau agor a chau. Lle felly yw Tregaron. Mae e fel rhyw weriniaeth sydd â'i ddeddfau a'i reolau ei hun. Yn aml fe fyddwn i'n mynd yn syth o'r tu ôl i'r cownter i frecwast, a'r bar wedi bod yn agored drwy'r nos. Doedd amser ddim yn golygu dim yno.

Roedd y lle hefyd yn denu cymeriadau o bob math. Rwy'n cofio'r Arlywydd Jimmy carter yn galw yno ac yn ein gwahodd ni lawr i dderbyniad sieri yn Llanio Isaf, lle'r oedd e'n aros. Fe'i cefais e'n ddyn hyfryd, un â'i draed ar y ddaear.

Bu'r amser a dreuliais yn y Talbot yn un braf iawn. Fe fu'n gyfnod o fagu profiad gwerthfawr iawn ar gyfer rhedeg y busnes pysgod a sglodion yn ddiweddarach. Yn arbennig roedd e'n baratoad da ar gyfer delio â phobol.

Pobol naturiol iawn gyda hiwmor parod yw pobol Tregaron a'r fro. Fe'u cefais yn gwsmeriaid cyfeillgar a diddorol. Yn aml byddai ffermwyr lleol yn disgwyl i mi agor am ddeg o'r gloch y bore er mwyn cael eu wisgi a chlonc, y naill lawn mor bwysig â'r llall. Byddai amryw yn storïwyr da yn nhraddodiad D.T. Lloyd, brawd Nhad gan alw ar y ffordd adre o'u gwaith. Yn fuan byddent yn diddanu pawb yn y bar.

Yn aml byddai Sally'n cyhoeddi parti allan o ddim byd ond ei dymuniad i gael hwyl. Byddai criw o Gogs yn galw'n achlysurol, Gwyn Berry, Alun a Gwilym Rhos, Emrys Caernarfon a'r diweddar Gwil Corris. Byddent yn sefyll dros benwythnosau gan ganu caneuon poblogaidd Cymraeg y dydd. Dyma beth oedd adloniant Cymraeg ar ei orau.

Roedd staff da yno. Byddai Jac y Post yn amlwg iawn ar benwythnosau. Yn aml tuag wyth o'r gloch ar nos Wener byddai'n gofyn i mi 'ddal y ffort' am ryw amser byr. Byddai'n ôl ymhen yr awr drwy ddrws cefn y bar gan edrych fel cath a gafodd yfed yr hufen i gyd. Ei ddisgrifiad o'i ymdrechion dros yr awr y bu allan fyddai: 'Service to the community'.

Yn aml ymhlith y cwsmeriaid byddai rhai o'm cynddisgyblion. Galwodd un criw un nos Iau gyda'r esgus eu bod yno i weld sut o'n i a sut o'n i wedi mwynhau Awstralia. Ac yna'n dweud, 'Gan ein bod ni yma, cystal i ni gael peint

Gweini y tu ôl i'r bar yn y Talbot, Tregaron. Cyfnod hapus iawn

yr un hefyd.' A hwythau ddim ond yn bedair-ar-ddeg oed!

Cofiaf ddisgybl arall yn yfed yng nghornel Nantllwyd. Roedd gan fois Nantllwyd eu cornel eu hunain. A dyma John Nantllwyd yn ei holi beth oeddwn i, y barman wedi ei ddysgu i'r crwt. Yr ateb a gafodd oedd 'màths a manyrs'. Fe wnaeth John fwynhau'r ateb bron gymaint â'r un i'r cwestiwn: 'Sut mae draenogod yn caru?' Yr ateb oedd: 'Yn ofalus iawn!'

Fe wnes i fy hunan yn gwbl gartrefol yn y Talbot. Yn wir, cefais wahoddiad i fod yn rhan o'r busnes. Ond roedd Nhad yn dod i oedran ymddeol ac roedd gwynt sglodion a physgod Lloyds yn fy nenu i nôl i Lanbed.

Un o gymeriadau mwyaf y Talbot, Jac y Post

Cymryd y busnes oddi wrth Nhad fyddai'r tro mawr nesaf yn fy mywyd. Am unwaith roedd hon yn mynd i fod yn fenter a wnâi bara. Er na wyddwn i ar y pryd beth fyddai'n fy aros. Ond fe wnes i fynd i mewn gyda'm llygaid yn llydan agored.

Meindio fy musnes

Yn 1987 roedd Nhad yn 65 oed ac fe benderfynodd y gwnâi e roi'r gorau i weithio. Roedd e'n llawn haeddu gorffwys ar ôl gweithio'n galed am 38 mlynedd yn cadw'r siop. Ni fu unrhyw doriad o gwbl rhyngddo fe'n gorffen a finne'n cydio yn yr awenau. Fe wnes i gamu i mewn i'w sgidiau. Fe gerddodd ef allan ac fe gerddais innau i mewn. Yn llythrennol, fe wnaethon ni basio'n gilydd.

Nid etifeddu'r busnes wnes i. Fyddai hynny ddim wedi bod yn deg im chwiorydd a'm brawd. Na, fe wnes i brynu'r busnes oddi wrth Nhad. Fe gawson ni oruchwylwyr i mewn i brisio'r busnes a thalwyd pris y farchnad amdano. Fel y perchennog newydd, un a oedd gryn dipyn yn iau na Nhad, fe wnes i edrych ar y lle ac ar y busnes gyda llygaid newydd. Ac o fewn tair blynedd fe wnes i newid y lle'n llwyr.

Roedd Nhad wedi bod yn dda i ni, rhoi'r sgidiau gorau ar

Nhad a fi ychydig wedi i fi gymryd at yr awenau

ein traed a'n gwisgo yn y dillad gorau posibl. Ond roedd e wedi gadael i'r adeilad a'r adnoddau ddirywio. Chwarae teg iddo, ni oedd yn dod gyntaf. Ond gwnaeth hynny ar draul cynnal a chadw'r adeiladau. Yn wir, roedd angen chwalu'r cyfan a dechrau o'r dechrau unwaith eto. Roedd hi'n fwy o her nag o'n i wedi ei dychmygu.

Y siop fel roedd hi pan adawodd Nhad

Fe wnes i deithio ledled Cymru a Lloegr ar gyfer ymchwil i wahanol siopau llwyddiannus. Rhaid oedd profi'r bwyd ym mhob man nes oedd pysgod a sglodion yn dod allan o'm clustiau. I lawr a fi i Brighton i arddangosfa. Yno fe welais ffwrn ffrio a fyddai'n addas. Wedyn trefnu cwrdd â Chris Boyall o Wisbech, un oedd wedi ei godi yn y busnes. Gydol y rhyfel fe lwyddodd ei rieni i gadw'r busnes i fynd drwy droi at wneud ffriterau pysgod. Golygai hyn gymryd dwy sleisen o datw, gosod sleisen denau o bysgodyn yn y canol, dipio'r cyfan mewn cytew ac yna ei ffrio.

Yr wythnos wedyn dyma Chris yn cyrraedd Llanbed gyda'i adeiladwr, Terry Suckling. Fe wnaeth Chris agor fy llygaid i bob math ar

Y ffwrn newydd yn cael ei gwthio drwy un o'r ffenestri am bump o'r gloch y bore

Côr Cwmann yn canu fel teyrnged i Nhad yn y King's Head. Nhad oedd eu prif unawdydd

bosibiliadau. Ei bris am y newidiadau oedd £30,000 heb TAW am yr offer newydd gyda'r ffwrn ffrio'i hun yn werth £17,000 o'r pris. Costiodd y gwaith adeiladu £45,000 heb TAW. Roedd hyn nôl yn 1990 pan oedd gen i forgais llawn ar fy nhŷ heb sôn am y benthyciad o'r banc tuag at brynu'r siop.

Dyma fynd at reolwr y banc i ofyn am fenthyciad ychwanegol. Dim lwc er i fi a Nhad fod yn gwsmeriaid gyda'r banc hwnnw erioed. Roedd y rheolwr yn ymddeol ymhen llai na blwyddyn a doedd e ddim am adael gyda gormod o ddyledion ar ei lyfrau. Dyma fynd felly at fanc arall. Unwaith eto, dim lwc. Roedd y siop iddo ef yn daten boeth nad oedd am gyffwrdd â hi.

Yna dyma fynd at berthynas oedd yn gweithio mewn banc a gosod y cynlluniau o'i flaen. Fe gymerodd ugain eiliad i ddod i benderfyniad. Fe atebodd gydag un gair: 'Amhosibl!' Fe wyddwn nawr pa mor serth oedd y mynydd o'm blaen. Eto i gyd fe wyddwn, drwy waith caled, y medrwn i lwyddo. Gwyddwn y medrwn wireddu'r freuddwyd ond i mi fwynhau iechyd da. Yr unig gwestiwn na fedrwn ei ateb oedd faint o amser gymerwn i i'w gwireddu hi.

Gyda Nhad a Lee John ychydig wedi i fi gymryd drosodd

Dyma ffonio Gerallt Davies o gwmni arian Stirling yn Aberystwyth a datgan fy mhroblem. Fe drefnodd gyfarfod yng Ngwesty'r Plu, Aberaeron gyda bancwyr Barclays o Fangor. Bu'n gyfarfod llwyddiannus a chefais y golau gwyrdd i fynd ymlaen â'm cynlluniau o ddifrif. Roedd cyfradd y banc yn 15 y cant bryd hynny a finne'n talu dau y cant dros hynny.

Fe wnes i fynd i'r Royal Oak ar y nos Sadwrn i drefnu lletŷ i ddynion Terry Suckling. Pan alwodd Dai'r tafarnwr am yr archebion olaf, dim ond fy mhartner Dee ac ef a fi oedd ar ôl yn y bar. Fe gynigiodd Dai un bach am yr hewl, a dyma dderbyn. Wrth i mi suddo'r ail lwnc dyma'r bar yn llawn plismyn, Inspector, Sarjiant, Plismones a Chwnstabl mewn dillad plaen. Ceisiom esbonio mai Dai oedd wedi rhoi diodydd i ni heb i ni ei brynu. Ond yn ofer. Dyma wŷs yn cyrraedd i'r tri ohonom ymddangos yn Llys yr Ynadon yn Aberaeron.

Fe wnaethon ni hurio Vincent Evans, twrne lleol i'n cynrychioli ni. Cwestiwn cyntaf Vincent i'r Inspector oedd sut fedrodd e fynd mewn i'r Royal Oak? Trwy ddrws y ffrynt, meddai, a hwnnw led y pen yn agored. Gofynnodd yr un cwestiwn i'r Sarjiant. Atebodd hwnnw iddo fynd mewn drwy'r drws cefn drwy ei dorri lawr. Dyna ddiwedd ar yr achos yn y man a'r lle. Vincent Evans ar ei orau.

Ond roedd y benthyciad nawr i'w dalu a'r unig ffordd i wneud hynny oedd drwy ddenu mwy o gwsmeriaid. A rheiny'n gwsmeriaid lleol, sefydlog yn ogystal ag ymwelwyr. Hefyd roedd y teulu'n cynyddu gyda Lee John yn saith oed a'r ail, Dafydd Trystan ar y ffordd.

Marchnata oedd y ffordd amlwg ymlaen. Ac un ffordd o farchnata oedd cystadlu am wobr busnes pysgod a sglodion y flwyddyn. Roedd yna wobr Brydeinig, yn ogystal â gwobr genedlaethol i Gymru. Roedd hi'n amlwg fod hon yn gystadleuaeth oedd yn tanio dychymyg pobl gan ddod â chyhoeddusrwydd mawr yn ei sgil.

Trystan a Lee John gyda Nhad a fi

Dal gwobr siop sglodion a physgod orau Cymru gyda rhai o brif Gynghorwyr Ceredigion

Yr Ffederasiwn Ffrio Pysgod Môr ar y cyd â'r Bwrdd Marchnata Tatw oedd yn trefnu'r gystadleuaeth ar y cychwyn. Erbyn hyn cafodd ei hail-enwi. Mae'r gystadleuaeth wreiddiol yn mynd yn ôl i 1913, ond ar ei ffurf bresennol mae hi'n mynd yn ôl dair blynedd ar hugain. Mae hi wedi datblygu erbyn hyn i gynnwys gwahanol gategorïau yn cynnwys y tŷ bwyta annibynnol gorau, y gwasanaeth gorau, y newydd-ddyfodiad gorau, yr hyfforddwr a'r datblygwr gorau, y cogydd ifanc gorau, y gadwyn orau, y gwasanaeth gorau a'r siop sy'n cyfrannu fwyaf i'r gymuned.

Yn blentyn gydag Anti Glen, fy Mam Fedydd. Hi wnaeth werthu'r siop drws nesa i fi

Syniad Da

Y prif enillydd diweddaraf yn 2011 oedd siop yn Bridlington. Enillwyd y wobr Gymreig gan Far Pysgod Albany yn Y Rhath, Caerdydd. Mae'n rhaid iddyn nhw gael hwb fawr iddyn nhw'n gymharol ddiweddar pan alwodd Lady GaGa yno gyda'i chriw yn dilyn cyngerdd un noson.

Y tro cyntaf i ni gystadlu fe ddaethon ni o fewn dim i ennill y wobr Brydeinig. Yr unig fai wnaeth y beirniaid ei ganfod oedd bod un eitem o'n hoffer wedi mynd braidd yn hen. A dyna'r unig fai wnaeth ein hatal ni rhag ennill. Roedden ni eisoes wedi ennill y wobr Gymreig ac ar restr fer Prydain.

Roedd hi'n gystadleuaeth drylwyr iawn. Roedd gofyn i ni ddosbarthu tri chant o ffurflenni i'r cwsmeriaid a'u cael nhw i'w llenwi drwy ddatgan eu barn ar wahanol agweddau o'r busnes. Wedyn roedd y noddwyr oedd yn trefnu'r gystadleuaeth yn anfon rhywun yma'n gyfrinachol i archebu pryd a'i fwyta, yn union fel cystadleuaeth tai bwyta Michellin. Wedyn fe gwtogwyd y rhestr i bump. Yna fe ddaeth y beirniaid ar ymweliad i archwilio popeth, y gwasanaeth, yr offer. Rhaid oedd sicrhau eu bod nhw'n lân ac yn gweithio'n iawn, sicrhau fod y rhewgelloedd i fyny â'r safon, bod y gweinyddu'n iawn, bod y drefn waith yn iawn. Yn syml, sicrhau fod y lle'n addas i werthu bwyd o'r safon orau.

Fe'n gwahoddwyd ni lan i westy yn Mayfair yn Llundain i dderbyniad lle'r oedd y rownd derfynol Brydeinig i'w chynnal. Mae amryw wedi gofyn – ac yn dal i ofyn – pam wnaethon ni lwyddo. Beth oedd yn arbennig yn ein gwneud ni'n well na neb arall yng Nghymru, a hynny ddwywaith? I ennill unrhyw gystadleuaeth mae'n rhaid rhoi sylw i'r manylion. Mae'r darlun mawr yn bwysig, wrth gwrs. Ond mae talu sylw i'r manylion yr un mor bwysig.

Doedd e ddim yn fwriad gyda ni i gystadlu mwy nag unwaith. Ond fe wnaethon ni, a dod yn ail. Fe roddodd

Cael fy nghyflwyno â gwobr siop pysgod a sglodion orau Cymru gyda'r staff a swyddog o Gyngor y Ffederasiwn Pysgod Ffrio a swyddog o Awdurdod y Pysgod Môr

hynny hwb mawr i ni a'n sbarduno i geisio am y trydydd tro a dyma ad-ennill ein teitl. Fe wnes i deimlo ein bod ni bellach wedi profi'n hunain a wnaethon ni ddim cystadlu wedyn.

Ro'n i'n falch bod fy Nhad yn dal i chwarae ei ran yn y siop yn ystod y llwyddiant. Roedd e'n rhan o'r lle ac wedi bod yn gymorth mawr i fi. Fe fyddai gyda ni bob dydd hyd ei ddiwrnod olaf ar 16 Tachwedd 2002 pan fu farw. Y diwrnod hwnnw collais fwy na thad. Roedd e'n ffrind i fi hefyd.

Roedden ni wedi cymdeithasu llawer gyda'n gilydd o'r dyddiau pan o'n i'n grwt ysgol. Roedd e'n rhywun oedd yn gant y cant, yn 'true blue'. Teimlwn ei golli'n fawr ac ni fedrwn fynd at ei fedd am tua dwy flynedd. Erbyn hyn mae'n arferiad i fi fynd yno bob bore Dydd Nadolig gyda photel o gwrw a chael sgwrs ag e.

Cymerodd flynyddoedd lawer i Nhad dalu ei holl

Syniad Da

Y siop o'r tu mewn yn edrych allan ar Stryd y Bont

Yr adran prynu bwyd i fynd allan

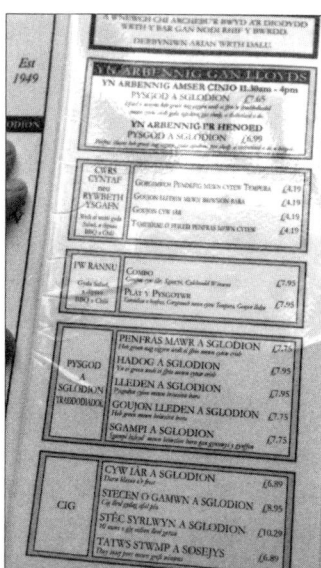

Tudalennau o fwydlen ddwyieithog y siop

ddyledion. Ond ar ôl rhyw beint neu ddau deuai ei bregeth fawr mai fe oedd y cyfoethocaf yn y dre. Byddai ambell un yn amau hynny. Ond daliai ei dir gan ddweud: 'Mae gen i saith o blant ac maen nhw i gyd yn iach. Dyna fy nghyfoeth i.' Do, fe'n codwyd i gredu mai ein hiechyd oedd ein cyfoeth.

Byddai Merfyn ei gefnder yn cofio amdano'n ifanc ac yn dweud fod i Nhad ryw agwedd 'glamorous' gyda'i fwstas Clark Gable a'i wisg bob amser yn ddestlus. Roedd e'n enwog yn yr ardal fel dawnsiwr. Byddai ef a'i chwaer Gwendolyn yn cystadlu ymhell ac agos yn cynnwys Neuadd Brangwyn yn Abertawe a hyd yn oed Hammersmith, Llunden. Mae plac er cof am y ddau a'u campau yng Nghanolfan y Mileniwm yng Nghaerdydd wedi ei osod gan ei frawd ieuengaf, Eifion. Bu Mam hefyd yn bartner dawns lwyddiannus gydag ef.

Bu 2002 yn flwyddyn gofiadwy mewn mwy nag un ffordd rhwng Nhad yn marw, Lee John yn gadael cartref am

Gyda Trystan a Lee John yn Stadiwm y Mileniwm

Y teulu cyfan - Dee a'r plant a finne

y coleg a finne'n dathlu cyrraedd yr hanner cant. Heb sôn am Gymdeithas y Merlod a Chobiau Cymreig yn dathlu ei chanmlwyddiant. Gofynnwyd i mi gan y Llywydd, Elwyn Davies, Merthyr Cynog i arwain y dathlu yn y Neuadd Fawr, Aberystwyth ar noson y cyfarfod blynyddol. Doeddwn i ddim wedi gwneud unrhyw beth tebyg o'r blaen a theimlwn hi'n anrhydedd mawr.

Yn y cyfnod hwn y daeth yr adeilad drws nesaf ar y farchnad. Penderfynais ei brynu a'i droi'n rhan o'r siop gan wneud, mwy neu lai, siop newydd.

Nid rhesymau busnes yn unig fu y tu ôl i'r penderfyniad hwnnw. Roedd yr adeilad wedi chwarae rhan bwysig yn fy mywyd. Hwn oedd hen safle Llaethdy'r Porthmyn, neu Drovers Dairy. Y perchennog oedd fy mam fedydd, Glenys Jones, neu Anti Glen.

Yn y cefn câi gwartheg eu godro. Yn blentyn fe fyddwn i'n mynd draw i Gae Dash ar lan afon Teifi a gyrru'r gwartheg lan y tu ôl i King's Mead. Gŵr Glenys oedd Dafydd ap Gwilym Jones o Fwlch-llan, arwerthwr amlwg.

Roedd Gary'r mab eisoes wedi gwerthu'r beudy ar gyfer tŷ annedd. Heddiw mae Helena Gregory'n cynnal busnes pwytho yno, sef Stitches. Fe gychwynnodd hi ei busnes ei hunan ar ôl colli ei gwaith pan gaeodd ffatri Slimma yn y dref.

Yn yr adeilad oedd ar werth rwy'n cofio siop a chaffi yno pan o'n

Trystan yn efelychu ei dad ac yn paratoi i adael ar ymweliad ag Awstralia

i'n blentyn, Drovers Dairy Cafe. Yn y blynyddoedd diwethaf cyn ei werthu fe gai ei ddefnyddio fel swyddfa ar gyfer marchnad Tregaron.

Roedd angen tipyn o waith ar y lle, ychydig arwyddion o bydredd fan hyn a thamprwydd fan arall. Yr ateb fu clirio'r cyfan, gan gloddio lawr lathen i'r seiliau ac ail-strwythuro'r holl adeilad gyda thrawstiau dur. Fe wnes i droi'r llofft yn fflat foethus. Cwmni lleol, Williams a Thomas wnaeth gymryd at y gwaith. Fe wnes i ddefnyddio coed derw lleol ar gyfer y gwaith, yn cynnwys Deri Goginan. Bu'n rhaid prynu grât ffrio newydd, ar gost sylweddol iawn. Er mwyn ei chael hi mewn, fe fu'n rhaid tynnu allan ffenest ffrynt y siop wreiddiol – yr union ffenest y gwnaeth yr hen fuwch honno flynyddoedd yn gynharach neidio drwyddi ac allan i'r stryd. Fe fu'n rhaid gwneud y gwaith am hanner awr wedi pump yn y bore rhag tarfu ar y drafnidiaeth. Fe wnes i feddwl ar y pryd – mae buwch eisoes wedi mynd drwy'r siop, dim ond gobeithio nad aiff yr hwch drwyddi hefyd!

Yn y gorffennol, grât cownter oedd gyda ni, hynny yw,

Syniad Da

Cyhoeddusrwydd i lwyddiant y siop yn un o'r papurau newydd

byddai'r staff a'u cefnau at y wal yn wynebu'r cownter. Ffwrn ffrio drydan oedd gan Nhad wedi'i hadeiladu gan J. E. Nuttall o Rochdale. Fe gychwynnodd y cwmni yn 1894 ac mae'n dal i fynd. Roedd iddi ddwy badell sgwâr â chlawr arnynt. Byddai Nhad yn taflu bwcedaid llawn o tships ar y tro i mewn i'r olew twym ac yna cau'r clawr yn syth rhag i'r stêm dagu'r cwsmeriaid. Byddai tymheredd yr olew'n plymio'n sydyn. Yna byddai'r ffwrn yn gorfod gweithio'n galed i adennill ei hegni, proses a gymerai tua deng munud. Rhaid fyddai i'r olew fod ar y tymheredd uchaf cyn taflu'r tships i mewn. Dyna'r rheswm pam y byddai ciw bob amser yn siopau tships y cyfnod.

Doedd y dull yma o ffrio ddim yn foddhaol. Yn aml fyddai tymheredd yr olew ddim yn ddigon uchel i selio'r sglodion. O ganlyniad byddai'r sglodion yn amsugno'r olew gan greu sglodion seimllyd. Ond fe symudodd y dechnoleg ymlaen gan greu peiriant sy'n medru cadw'r tymheredd yn uchel. Effeithlonrwydd uchel.

O ran hylendid, cai'r padelli eu gwacau o olew a'u glanhau â dŵr unwaith yr wythnos ac fe roid soda yn y dŵr. Yna cai'r ffwrn ei chynnau fel bod y dŵr yn berwi. Cai'r padelli wedyn eu glanhau a cheid gwared ar unrhyw garbon fyddai wedi crynhoi yn eu gwaelodion. Byddai hyn hefyd yn clirio'r pibellau tynnu gan leihau'r posibilrwydd o dân. Ar un adeg byddai dros gant o siopau tships yn mynd ar dân bob blwyddyn. Dyna pam mae yswiriant siop tships yn dal mor uchel.

Roedd y ffwrn brynais i oddi wrth Chris Boyall yn cynnwys pedair padell, dwy sgwâr ar gyfer pysgod ac ati a dwy rownd ar gyfer y tships. Erbyn hynny roedd modd ffrio heb glawr gan fod y stêm yn cael ei sugno allan. O'i darddiad. Dyfeisiwyd hefyd fodd o ddiffodd y gwres petai'n mynd yn rhy uchel. Roedd y padelli rownd yn bethe newydd, a phregeth y gwerthwyr oedd ei bod hi'n haws codi'r tships o'r rheiny nag oedd hi o'r rhai sgwâr.

Hon oedd y math cyntaf o ffwrn i'w chynhyrchu yn y DG gyda'r cynllun wedi dod o'r Iseldiroedd. Roedd Chris Boyall wedi prynu cwmni Batemans, a oedd wedi bod yn cynhyrchu ffyrnau traddodiadol ers blynyddoedd ond nawr yn cynhyrchu rhai o'r math newydd hefyd. Aeth ati i greu ffyrnau a chownteri ithfaen a bocs twymo pres. Y tu allan i'w siop yn Wisbech byddai cwsmeriaid yn ciwio hanner y ffordd lawr y stryd ar nos Wener.

Bu'r ffwrn newydd yn gaffaeliad mawr i ni ac yn para i edrych fel newydd ar ôl blynyddoedd o waith. Câi ei glanhau bob dydd yn rheolaidd a derbyn triniaeth cynnal a chadw'n flynyddol. Henry Rees, Pentrebwlin gynt oedd yn edrych ar ei hôl ac mae ei lun yn dangos y march enwog Pentre Eiddwen Comet yn ebol dwyflwydd yn y Sioe Frenhinol gen i yn y siop o hyd a'r ddau'n edrych fel dau bin mewn papur.

Ond gyda'r siop newydd yn mynd i fod yn fwy o faint gyda mwy o fyrddau, teimlwn fod angen ffwrn ffrio mwy o faint. Cysylltais â sawl cwmni fel Kirenko a Perfecta â'u gwreiddiau yn yr Iseldiroedd a Preston and Thames, cwmni wedi ei leoli yng Nghaerdydd. Teithiais ledled Gwledydd Prydain a phenderfynu yn y diwedd ar ffwrn cwmni Florigo. Fe gostiodd £45,400 heb TAW.

Nid newid y lle yn unig wnes i. Roedd yn rhaid cadw fyny â'r amserau. Roedd yn rhaid i fi hefyd, wrth gwrs, sicrhau fy mod i'n cael fy muddsoddiad yn ôl mewn derbyniadau. Felly fe wnes i ymestyn oriau gweini'r siop gan agor drwy'r prynhawn. Gynt fe fydden ni'n cau am ddau ac ail-agor am bedwar. Ry'n ni hefyd ar agor ar ddydd Sul o hanner awr wedi pedwar tan wyth.

Yn raddol fe wnes i ychwanegu at y fwydlen hefyd gan gynnig pwdinau syml. Ac yna dyma sicrhau trwydded ar gyfer diodydd alcoholaidd fel y byddai modd cael gwin neu ddiod arall gyda'r bwyd. Yn ogystal â dewis o win rhyngwladol mae gen i erbyn hyn ddewis hefyd o ddiodydd Cymreig – wisgi, gin neu fodca o Benderyn, cwrw Tomos Watkin a seidir Gwynt y Ddraig.

Mae'n rhaid fod mentro yn rhywbeth sy'n rhedeg yn y teulu. Pan gymerodd Nhad drosodd yn 1949 fe wnaeth yntau fenthyca'n drwm, mwy na allai ei fforddio er mwyn prynu'r lle. Doedd ganddo fe chwaith ddim ceiniog yn y banc. Dyna pam oedd hi'n rheidrwydd arno ef i agor tan hanner nos. Roedd y tafarnau'n cau bryd hynny am ddeg o'r gloch y nos, a llawer o'r cwsmeriaid ar ôl cael cwpwl o beints yn awyddus i gael rhyw bryd bach cyn mynd adre. Ar ôl i ni'r plant ddechrau cyrraedd fe wnaeth Nhad dorri nôl ar ei oriau wedyn er mwyn helpu Mam.

Chwap wedi ni agor y siop newydd dyma ddigwyddiad arall o bwys. Ganwyd i Dee a finne 'ferlen' fach, Tirion Haf.

Ar gefn fy ngheffyl

Pan oedd Nhad yn cadw'r siop doedd y fath beth â chreu thema ddim yn bod mewn tai bwyta. Cownter a byrddau plaen a stolion oedd yr unig anghenion. Ond ar ôl adnewyddu ac ehangu'r lle fe ges i'r syniad o'i droi'n rhyw fath o deyrnged i'r ceffyl ac i gefn gwlad yn gyffredinol. Mae Llanbed wedi bod yn ganolfan naturiol i geffylau ers cyn cof. Mae'n un o ganolfannau naturiol y cobyn Cymreig. Ar ben hynny fe fu'r siop erioed yn fan cyfarfod i ffermwyr a gwladwyr, llawer ohonynt yn cadw ceffylau.

Hyd yn oed cyn i fi gymryd at y lle, roedd gen i syniad yn fy mhen am greu rhyw fath ar ganolfan a fyddai'n deyrnged i'r bywyd gwledig, ac i'r ceffyl yn arbennig. Ac o gymryd at yr awenau roedd gen i le a chyfle i gyfuno lle bwyta a math ar oriel neu amgueddfa ar thema ceffylau. Ond yn gyntaf roedd holl ymddangosiad cyffredinol y lle yn bwysig. Mae traddodiad wedi bod yn hollbwysig i fi erioed. Felly, cerrig a

Jac y Meiarth, un o gymeriadau mawr ardal Llanbed

choed fyddai'r defnyddiau. Dyma ddinoethi'r muriau o blastr lawr at y cerrig a gosod trawstiau a pharwydydd o goed derw o stad Plas Gogerddan. Fe ges i gwmni o grefftwyr lleol, Williams a Thomas i wneud y gwaith. Ddim yn unig maen nhw'n grefftwyr gwych ond fe ges i ac Alan Thomas, un o'r partneriaid ein codi gyda'n gilydd yn blant.

Y cam nesaf oedd mynd ati i chwilio am hen luniau o Lanbed ac o sioeau a marchnadoedd a gwahanol offer ceffylau i'w hongian neu eu gosod yma ac acw. Yr hyn dw'i wedi ei wneud yw ail-greu Llanbed fy mhlentyndod o fewn y siop.

Wrth fynd ati i greu'r ganolfan fe ddeuai cyfnod plentyndod i'r cof. Fel y nodais, yn yr adeilad sy'n ffurfio rhan isaf y siop heddiw byddai Anti Glen, fy Mam Fedydd yn cadw Drovers' Dairy. Gan nad oedd gen i frawd bach i chwarae gydag ef am flynyddoedd, dim ond pum chwaer, gydag Anti Glen fyddwn i'n treulio llawer iawn o'm hamser pan o'n i'n grwt.

Fe fydde hi'n godro dwsin o wartheg bob bore a nos. Ar lan afon Teifi roedd Cae Dash. Mae'r enw'n deillio o lysenw gafodd y dyn oedd unwaith yn rhentu'r cae, Tom Davies, Drovers Road. Roedd e'n frawd i'r dyn busnes Nun Davies. Brawd arall oedd Davies y Sadler. Ac o Gae Dash y câi'r gwartheg eu cerdded fyny i Drovers Road neu Ffordd y Porthmyn i'r beudy.

Hefyd roedd efail y gof yn yr un stryd lle byddwn i'n blentyn yn treulio llawer iawn o amser gyda Lewis Lloyd a Dafi. Bryd hynny deuai'r perchnogion â'u ceffylau at y gof. Fe newidiodd wedyn gyda'r gof yn mynd ar ei rownd at y perchnogion i bedoli. Gerllaw hefyd roedd siop Jac Oliver y barbwr a'r bardd lle byddai criw mawr, ffermwyr yn eu plith, yn disgwyl eu tro i gael torri eu gwallt ac yn mwynhau'r gwmnïaeth.

Adeg y cynhaeaf gwair fe fyddwn i'n helpu i ddod â'r

Cornel Cayo er cof am un o ddynion ceffylau amlyca'r ardal, Cayo Evans

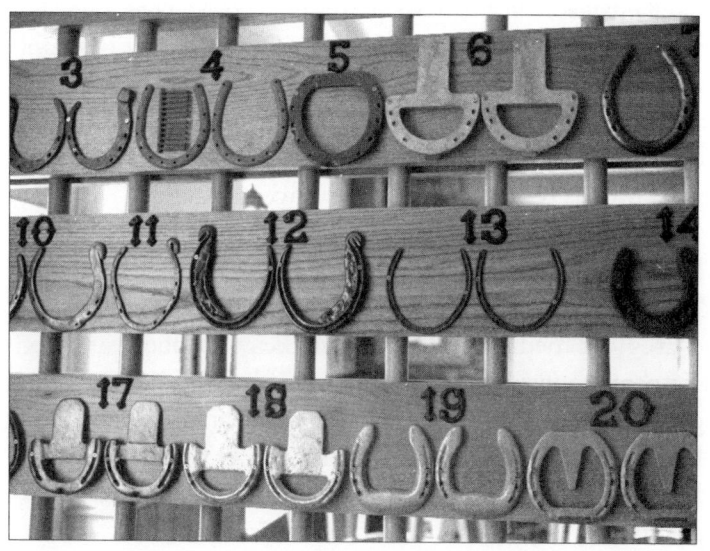

Cornel y pedolau yn y siop sy'n rhan o'r arddangosfa byd ceffylau yno

llwythi mewn gan lenwi'r llofft uwchben y beudy ar gyfer y gaeaf. Fe fyddwn i'n byw a bod yno. Roedd y teulu hefyd yn cadw merlod Cymreig, ac yno y dechreuodd y cariad mawr at geffylau.

Fe fydde'r teulu yn naturiol yn dilyn sioeau, a ffrind mawr y teulu oedd Jac y Meiarth, dyn ceffylau o'i ben i'w draed. Jac fyddai'n dangos iddyn nhw. Rwy'n teimlo'n freintiedig fy mod i wedi cael y cyfle i fod yng nghwmni'r fath bobol.

Doedd gan fy Nhad ddim diddordeb mewn ceffylau. Ond roedd y byd busnes yn rhan o'n teulu ni. Roedd Tad-cu ar ochr Mam yn berchen siop fara, lle mae siop trin gwallt Quann nawr. Y tu ôl i'r siop roedd popty, a thair fan yn cario llwythi o fara allan bob bore. Ffrindiau gorau Tad-cu oedd Gwyn Williams, oedd yn cadw iard ger yr orsaf. Un arall oedd Harold Morris a gadwai'r Llew Du. Fe fyddai Harold yn dangos cobyn ar ran Mr a Mrs Gwyn Williams, hi gynt o Benbryn, Cribyn. Roedd gan Gwyn gaseg dda hefyd o'r enw Sheila. Mae ei llun i nawr gen i ar un o waliau'r siop. Fe wnaeth hi ennill pencampwriaeth y Sioe Frenhinol a chael ebol o'r enw Teify King. Ac yn 1963, a finne'n grwt a'r ebol yn flwydd fe wnes i fynd ag e o gwmpas y sioeau. Fe wnaeth e ennill ym mhobman, gan gynnwys y Sioe Frenhinol. Mynd gyda Morris fyddwn i yn ei Land Rover a thrêlyr.

Ffrind arall i Tad-cu oedd Williams Nant-henfoel. Ef a'r teulu oedd yn berchen ar Nickel Coin, enillydd y Grand National yn 1951. Gyda John Bullock yn joci, fe enillodd yr eboles saith oed ar ods o 40 am un. Fe gwympodd deuddeg ceffyl ar y rhwystr cyntaf ac erbyn y diwedd dim ond dau geffyl, Nickel Coin a Royal Tan oedd ar ôl. Hyfforddwr Royal Tan oedd yr enwog Vincent O'Brien a'i frawd Phonsie oedd y joci. Dim ond £50 wnaeth Nickel Coin gostio pan brynwyd e. Mae llun Nickel Coin ac un o'i bedolau yn rhan o'r casgliad sydd yn y siop.

Rhai o'r criw afieithus a fyddai'n cwrdd yn y Llew Du bob prynhawn dydd Mercher

Roedd y criw yma'n ffrindiau da ac yn cymdeithasu efo'i gilydd. Bob prynhawn dydd Mercher, gyda'r siopau ynghau yn Llanbed, byddent yn cwrdd yn y Llew Du. Clywodd Tad-cu am enedigaeth llo arbennig yn Nanthenfoel ac aeth ati i baratoi cacen ar gyfer dathlu'r tro nesaf y byddent yn cwrdd. Roedd Dadi Nanthenfoel, fel y câi ei adnabod, wrth ei fodd gyda'r holl ffws a dyma agor y botel wisgi. Gyda gwên lydan ar ei wyneb, aeth ati i dorri'r gacen. Torrodd pawb allan i chwerthin. Roedd Tad-cu wedi gwneud y gacen gydag eisin pert ar y tu allan. Ond roedd yr eisin yn cuddio cacen o ddom da!

Fe wnes i ddechrau mynd allan gyda'r helfa'n ifanc iawn. Roedd Glyn Jones, perchennog y felin lif yn Llanbed yn byw ar waelod Stryd y Bont bryd hynny. Yn iard ei gartref roedd stabl ar gyfer dau geffyl, Jim a Ben – un yn berchen iddo ef a'r llall i'w ferch, Erina. Yn edrych ar ôl y ddau geffyl roedd Dan Shell, tipyn o gymeriad. Ac fe fyddwn i'n rhoi help llaw

Syniad Da

iddo. Fe fydde Glyn a'r ferch yn mynd allan i hela. Un arall fydde'n mynd gyda nhw oedd twrne lleol, Vincent Evans oedd yn byw yng Nghwm-dulas yn ymyl Glyn.

Rhedeg ar ôl yr helfa fyddwn i, a dyma ryw ffermwr lleol yn fy ngweld i ac yn dweud wrtha'i y dylwn i gael ceffyl fy hunan. Roedd hwn yn edrych ar ôl merlod mynydd dros y gaeaf. Roedd ganddo fe un ferlen ddu, gref oedd yn ferch i un o ferlod Jac Maes-glas oedd yn byw ar fynydd Tregaron, cymeriad mawr ym myd ceffylau. Merlen oedd yn cael ei defnyddio ar gyfer merlota yn ystod yr haf oedd hi, ac fe fydde hwn yn ei chadw hi yn Llanbed dros y gaeaf. A dyna sut wnes i ddechrau marchogaeth o ddifrif.

Un dyn a gafodd ddylanwad mawr arna'i yn y cyfnod cynnar hwn oedd Ianto Penlan-noeth ym mhen uchaf Gorsgoch. Roedd e'n cadw cobiau Cymreig yn ogystal â rhedeg ceffylau rasys. Ymhlith ei geffylau mwyaf llwyddiannus roedd Carry On ac Andy Penlan.

Yng nghyfnod coleg a dysgu fe wnes i ddal i gymryd diddordeb mewn ceffylau. Ond fedrwn i ddim fforddio prynu un. Y peth cyntaf wnes i ar ôl dod nôl oedd prynu poni. Fe brynais fy nghobyn cyntaf fyny ym Mwlchllan, brawd i Ffoslas Black Lady, oedd wedi ennill pencampwriaeth y Sioe Frenhinol gyda Jac y Meiarth yn ei dangos hi. Roedd y brawd iddi gan Wil Teile ym Mwlchllan.

Fe fyddwn i'n canlyn pob sioe ac arwerthiant ac un dydd yn Llanelwedd dyma weld yr ebol coch yma. Fe ddenodd fy llygad ar unwaith, a dyna ddechreuad partneriaeth glos. Ei enw oedd Dimbeth Sion. Wela'i byth geffyl tebyg iddo eto. Ro'n i'n ei gadw ym Mhont-faen bryd hynny gyda Lloyd, gŵr bonheddig o'r iawn ryw. Un bore ro'n i'n ei fwydo am wyth o'r gloch fel arfer a dyma fi'n penderfynu mynd i hela. Roedd helfa'n cael ei chynnal o'r Llew Du ar y dydd Sadwrn cyntaf bob mis Tachwedd. Doedd e ddim erioed wedi cael cyfrwy ar ei gefn o'r blaen. Fe wnes i roi bwyd o'i flaen ac yna

Yn arwain Sleight of Hand a brofodd aml i lwyddiant mewn gwahanol sioeau

Dangos Gwenllan Tirion mewn llaw yn Llanelwedd

Dafydd Trystan yn saith oed yn ennill y wobr am farchogaeth yn Llanelwedd

mynd adre i gael brecwast. Nôl a fi am ddeg, ei dynnu allan a gosod ffrwyn yn ei ben a chyfrwy ar ei gefn. Doedd neb yn agos i ddal ei ben nag i helpu mewn unrhyw ffordd. Beth bynnag, watsh aur neu goes bren oedd hi i fod. Dyma daflu coes drosto a gosod fy nhraed yn y gwartholion a bant â ni ar y cynnig cyntaf. Ro'n i gyda'r helfa ymhen deng munud.

Fe ddechreuais i wedyn gychwyn gyrru gydag e. Fore Nadolig, lai na deufis yn ddiweddarach ro'n i'n ei yrru o gwmpas Llanbed ac yna'r bore wedyn ro'n i'n ei farchogaeth gyda'r cŵn hela yn Falcondale.

Fe aeth Sion ymlaen i'r Sioe Frenhinol a dod yr unig geffyl erioed mewn hanes i ennill y marchogaeth a'r gyrru yn yr un sioe, hynny yn 1997. Roedd chwe cheffyl ar hugain yn cystadlu ar y gyrru ar y nos Fercher a thros ddeugain yn y marchogaeth ar y dydd Iau. Fu gen i ddim ceffyl tebyg erioed. Cyflwynwyd iddo anrhydedd uchaf y Gymdeithas Merlod a Chobiau Cymreig sef Gwobr Goffa Daisy Broderick. Bu farw ymron ddwy flynedd yn ôl. Ro'n i'n meddwl y byd ohono fe. Petai e'n llai o faint fe fydde wedi cael siario'r tŷ â fi!

Fe agorodd llwyddiant Sion sawl drws i mi. Cefais wahoddiad i ddangos merlod yn y Taleithiau Unedig. Yno, enillwyd y Brif Bencampwriaeth yn Sioe Genedlaethol America gan farch Adran 'B' o'r enw Sleight of Hand. Roedd hwn y llwyddiant cyntaf o dri. Does neb wedi gwneud hyn erioed, na chynt nac wedyn. Ar un o'r teithiau fe wnes i fynd draw i Philadelphia lle'r oedd arwerthiant merlod Mrs du Pont a wnaeth feirniadu yn y Sioe Frenhinol yn 1963, yr Americanes gyntaf i wneud hynny. Gwerthwyd merlen fynydd yno am $53,000.

Rwyf ar banel beirniadu'r Gymdeithas Merlod a Chobiau Cymreig ac wedi beirniadu yn America deirgwaith, ac yn Awstralia. Rwyf hefyd wedi beirniadu yn y Sioe Frenhinol yn Llanelwedd.

Rasio County Megastar mewn ras drotian

Hen offer ceffylau sy'n rhan o'r arddangosfa

Syniad Da

Ar ôl cyflawni'r dwbwl gyda Sion yn y Sioe Genedlaethol yn 1997 ro'n i'n awyddus nawr i efelychu'r un gamp gydag e yn y Sioe Ryngwladol allan yn Sweden. Yn anffodus fe ddioddefodd y ceffyl o'r Laminitis wrth deithio, clwyf sy'n effeithio ar y traed ac sy'n arwain at gloffni. Fe fethais â dod ag e adre a bu'n rhaid i fi ei adael allan yno, ac fe fu Dee allan gydag e am fis. Fe fu hwnnw'n ddigwyddiad anffodus iawn.

Roedd y stabal hebddo yn teimlo'n wag iawn ac fe ges i fy nhemtio i brynu ceffyl arall i lanw'i le. Fe ffeindiais i boni fach lawr yng Nghastellnewydd Emlyn. March bach, poni fynydd oedd e yn rhedeg gydag ebolion blwydd. Fe wnes i ddod adre ag e ganol mis Tachwedd. Doedd e ddim wedi gwneud unrhyw waith harnais erioed. Ond yn y Sioe Frenhinol y flwyddyn wedyn ym mis Gorffennaf roedd e'n ennill y Bencampwriaeth Mewn Llaw. Ac fe ddaeth e'n ail yn y dosbarth gyrru. Ei enw oedd Trefaes Guardsman.

Nôl yn yr hydref 2010 fe ddaeth merch fyny ata'i gan annog ail-gyflwyno dosbarthiadau traddodiadol marchogaeth. Roedd ganddi ddigon o gobiau ond prinder ond prinder o ferlod. A dyma hi'n gofyn a fyddwn i'n fodlon ystyried gosod Guardsman dan gyfrwy. Wel, medde fi, roedd e'n ddeunaw oed ond erioed wedi profi cyfrwy. Ond os oedd modd ro'n i'n barod i'w helpu ddim ond cael joci da deuddeg oed. Dair wythnos cyn y sioe, nôl ym mis Awst 2011 fe ddes i â merch ddeuddeg oed â digon o fenter ynddi a chael Dee, fy mhartner i'w hyfforddi. Fe gafodd Guardsman gyfrwy am y tro cyntaf yn bedair ar bymtheg oed. Dim ond awr o ymarfer gafodd e, ond dair wythnos wedyn fe aeth i'r sioe ac ennill ei ddosbarth.

Diolch i Ianto Penlan-noeth fe ddaeth llwyddiannau hefyd gyda rasio harnais. Tir Prince oedd fy hoff gwrs. Un noson fe gyflawnon ni'r dwbwl yno. Dim pawb sy'n cael un enillydd yno heb sôn am ddau. Y ras mae pawb o bobol y rasio harnais am ei hennill, wrth gwrs, yw'r Famous

Musselburgh Pace, sy'n bodoli ers ymron 120 mlynedd. Roedd ceffyl da gan Dilwyn Pant-streimon yng Nghapel Dewi ger Llandysul. Fe wnes i ei brynu ym mis Mawrth a'i redeg e ym Mussleburgh ym mis Awst. Fe wnaethon ni ennill y rhagras a dod yn ail yn y ffeinal. Ddwy flynedd yn ddiweddarach fe es i ag e fyny a dod yn gyntaf eto yn y rhagras a thrydydd yn y ffeinal. Rwy'n dal i drio!

Drwy'r byd ceffylau wnes i gwrdd â Dee. Fe ddaeth hi lawr o ardal Staines yn Middlesex i Sioe Feirch Llanbed un flwyddyn gyda ffrindiau. Yn y Sioe Frenhinol yr un flwyddyn wnaethon ni gwrdd. Roedd hi wedi bod ym myd ceffylau erioed. Roedd hi wedi bod yn llwyddiannus iawn gyda hacnis a gyda rasio harnais hefyd yn Chasewater. Mae'r ddau ohonon ni wedi bod gyda'n gilydd byth wedyn. Mae gan Dee ofal heb ei hail dros geffyl.

Codwyd y tri phlentyn yn awyrgylch ceffylau. Mae gan Lee John ddwylo arbennig ond ar hyn o bryd, rygbi a golff sy'n mynd â'i fryd. Mae Trystan yn gyfarwydd â marchogaeth hefyd. Pan oedd e'n saith oed fe enillodd yn y Sioe Frenhinol, fel y gwnaeth Tirion pan yn bump oed.

Pan ddaeth Dee i fyw yma yn Sir Aberteifi o Middlesex fe wnaethon ni deithio llawer o'r sir fel y gallai ddod i adnabod y bobl a'r ardal. Fe wnaethon ni ymweld â bridfa arbennig yn ne'r sir a chael gwahoddiad i'r tŷ am baned. Wedi i'r tegell ferwi dyma arllwys y dŵr berwedig i ddau gwpan. Ac yna dyma dynnu allan un bag te gyda'r cwestiwn: 'Pun ohonoch chi sy am ei ddefnyddio gynta?' Dyna pryd y sylweddolodd Dee ei bod hi mewn byd tra gwahanol i'w byd hi.

Dyma gyfarfod wedyn â Dai Esgair a wnaeth adrodd hanesyn amdano ef a'i fêt ar y fferi i Iwerddon mewn storm, a Dai'n defnyddio un llaw i hongian wrth y bar a'r llall i ddal ei wisgi. Medde mêt Dai: 'Gobeithio na wnaiff y cwch yma suddo.' A Dai'n ateb: 'Paid â becso. Nid ni sy'n ei berchen e.' Ie, ateb Cardi!

Yn fy stablau yn Temple Bar rwy'n magu ychydig o ferlod a chobiau. Mae gen i'r rhagenw Teifi. Pan ddes i adre i Lanbed wedi dyddiau coleg a dysgu fe wnes i holi i Gwyn Williams a fydde fe'n fodlon trosglwyddo'r rhagenw i fi. Doedd gan ei ferch, a oedd yn byw yng Nghaerdydd, ddim diddordeb mewn parhau'r fridfa. Felly dyma fe'n ei drosglwyddo i fi. Ac mae'r rhagenw Teifi yn un anrhydeddus iawn yn y sir ac yn y llyfr bridio. Fi nawr yw'r unig un sy'n dal y rhagenw Teifi. O'i gael fe wnes i ei safoni hefyd. Weithiau fe gai'r ffurf 'Teify' ei ddefnyddio. Ond rwy wedi cadw at y ffurf Gymraeg, 'Teifi'.

Er fy holl ddiddordeb dydi'r diddordeb mewn ceffylau ddim yn dod yn agos at bwysigrwydd y busnes. Yr angen cyntaf yw rhoi torth ar y ford. Wedyn y daw'r hufen. Y dorth sy'n dod gyntaf bob tro.

Fe gymerodd gryn waith ac amser i fi gasglu'r holl luniau a chreiriau ar gyfer y lle bwyta. Mae rhai ohonyn nhw'n unigryw, a dyw trysorau fel hynny ddim yn hawdd i'w canfod. Yn wir, rwy'n dal i gasglu. Mae'r arddangosfa'n atyniad mawr i'r lle. Mae'r casgliad yn rhywbeth i'r cwsmeriaid edrych arno tra'u bod nhw'n disgwyl am eu bwyd wrth y byrddau neu wrth y cownter. Mae gen i bamffledi wedyn yma ac acw.

Un o'r atyniadau mwyaf yw Cornel Cayo, er cof am Julian Cayo Evans, Glandenys, tipyn o chwedl yma yn Llanbed a thu hwnt. Roedd ganddo fe steil. Roedd e bob amser wedi gwisgo'n drawiadol fe rhyw Fecsican rhamantus. Fe fydde fe'n cyrraedd ar gefn ei farch Palomino, Cruglas Candlelight, a phawb yn syllu arno, yn enwedig y merched. Weithiau fe fyddai ar gefn yr Appaloosa, Spangled Prince, march anferth du a gwyn. Roedd e fel rhyw ailymgnawdoliad o Arglwydd Harford a oedd gynt yn sgweier Falcondale. Fe fydde hwnnw'n marchogaeth rownd y dre i wneud yn siŵr fod popeth yn deidi. Ond roedd mwy o'r dyn sioe yn Cayo.

Fe ges i gasgliad Cayo gan Rod, ei fab yn cynnwys rhan o fwng y Palomino, lluniau a phamffledi. Yn ôl Rod, pan fu farw'r Palomino, dyna'r tro cyntaf erioed iddo weld ei dad yn crio. Fe gladdodd y march yn union y tu blaen i ddrws ffrynt Glandenys.

Fe fydde Cayo'n dilyn march gyda thua dau gant a hanner o alwadau'r flwyddyn. Un flwyddyn fe gyrhaeddodd y pedwar cant. Roedd ganddo gylchdaith bob tair wythnos, ac un noson yn yr Ivy Bush dyma rywun yn holi iddo sut dymor oedd e'n ei gael. Ei ateb oedd ei fod e'n curo'r march o bedair!

Mae yn y casgliad yn y siop ddwsenni o bedolau. Roedd Ianto Rees, Penlan-oeth wedi bod yn pedoli am flynyddoedd ac fe ges i'r casgliad ganddo fe. Roedd ganddo bedolau'n mynd nôl i 1933, llawer wedi dod o deulu Jenkins o ardal Cwmsychbant. Roedd yn y teulu nifer o ofaint traddodiadol. Roedd Ianto'n fachan di-ail yn yr ardal a'i fywyd oedd trin ceffylau. Fe fues i'n ffodus iawn cael bod yn ei gwmni'n ifanc iawn gan ddysgu llawer oddi wrtho.

Un o'r creiriau mwyaf hynod yma yw carn y ceffyl olaf i fynd ar rownd laeth yn Aberaeron. Fe'i pedolwyd ef, ond ddau ddiwrnod yn ddiweddarach fe syrthiodd yn farw. Ac fe dorrodd y perchennog un o'i garnau bant i gofio amdano. Nawr mae'r carn gen i.

Mae pob cornel, pob wal yn dwyn rhyw fath o atgofion am geffylau. Ac mae'r casgliad yn denu sawl math ar bobol, o'r rhai sy'n hyddysg mewn hanes ceffylau i'r rheiny sy'n gwybod dim, ond sydd am wybod. Creu awyrgylch yw'r bwriad, a hwnnw'n awyrgylch hamddenol. Mae'r cefn gwlad wedi dirwyio cymaint fel bod angen cadw cymaint ohono ag sy'n bosibl yn fyw. Mae'r marchnadoedd yn diflannu'n raddol am mae yna ymgyrchoedd i wneud i ffwrdd â chŵn hela. Os na fyddwn ni'n ofalus fydd dim byd ar ôl.

Pan mae pethe'n wael yng nghefn gwlad, gydag

afiechydon fel BSE a Chlwy'r Traed a'r Genau'n taro ffermwyr, dynion y ceffylau sydd wedi cadw'r busnesau gwledig yn fyw. Sir o ddyddynnod bach fu Ceredigion erioed, pob un â'i geffyl. Dyna pam ddaeth y cobyn Cymreig mor boblogaidd. Mae e'n geffyl hyblyg sy'n medru aredig, mynd â'i berchennog i siopa ac i'r capel neu'r eglwys ar ddydd Sul. Ac ef fyddai'n tynnu'r hers yn cynnwys corff ei feistr i'r fynwent pan ddeuai'r diwedd.

Mae cystadlu yn y Sioe Genedlaethol yn uchafbwynt y flwyddyn i mi. Eleni fydd fy negfed sioe ar hugain. Ar gyfer eleni ychwanegwyd dosbarth Prif Enillydd newydd lle bydd y Prif Enillydd mewn llaw yn cystadlu yn erbyn y Prif Enillydd dan gyfrwy er mwyn penderfynu pun fydd prif geffyl y sioe yn gyfan. Cynhelir hyn ar brynhawn dydd Iau'r sioe i gloi cystadlaethau pwysica'r wythnos. Ni, Lloyds Ffish and Tships sydd yn ei noddi a hefyd yn cyflwyno Tlws Grisial Dimbeth Sion i'r enillydd.

Ond rhaid cofio mai siop tships sydd gen i yma mewn gwirionedd, nid oriel neu amgueddfa. Siop fwyd. Bywoliaeth yw'r flaenoriaeth. Y dorth ar y ford i fi a'r teulu sy'n dod gyntaf. Os fedrai hefyd ychwanegu'r jam drwy ddefnyddio'r lle fel rhyw deyrnged i geffylau a phobl y cefn gwlad, gorau i gyd.

Hen fusnesau lleol

Roedd llawer o berchnogion busnesau Llanbed gynt yn perthyn i'w gilydd gyda llinyn teuluol yn clymu amryw ohonyn nhw. Yn ein hachos ni, bu dau fusnes llewyrchus yn gysylltiedig â'n teulu ni ar y ddwy ochr. Fe fu Mam-gu, sef mam fy Mam yn rhedeg busnes crasu a gwerthu bara yn Ardwyn ac yn Mark Lane. Pan oeddwn i'n grwt rown i'n gyfarwydd â gweld sawl fan yn mynd allan â bara o Ardwyn bob bore am chwech o'r gloch ar gyfer y pentrefi cyfagos.

Ond roedd un o fusnesau enwocaf a mwyaf llwyddiannus Llanbed ar ochr fy Nhad, sef siop ddillad B. J. Jones. Yn allweddol i'r busnes roedd chwaer Tad-cu, Sally sef un o blant Olmarch Uchaf. Bu D. T. Lloyd ei brawd, y cyfeiriais ato'n gynharach hefyd yn rhedeg busnes cynnyrch ffarm. Ond Sally, o bell ffordd fu'r mwyaf llwyddiannus o'r teulu ym myd busnes.

Coleg Llanbed, un o'r ychydig sefydliadau mawr sydd ar ôl

Llun o Ffair Dalis, uchafbwynt blynyddol y dref gynt

Sefydlwyd busnes B. J. Jones yn 1921 gan Benjamin John Jones o Ffinant Fach, Alltyblaca. Roedd e'n cofio cerdded gyda'i fam, ag yntau ond yn bedair ar ddeg oed yr holl ffordd o Alltyblaca i Ffair Rhos i brynu ceffyl, taith o tua phum milltir ar hugain un ffordd.

Fe gychwynnodd weithio yn siop ddillad Walter Davies yn Llanbed yn 1906 cyn troi am Gaerdydd yn llanc i weithio i gwmni Morgan yn yr Aes ac yna i Lundain i weithio i Williams o Broad Street ac yna i John Lewis. Fe fydde fe'n mynychu Hyde Park Corner, ac yno wrth wrando ar un o areithiau recriwtio Lloyd George y gwnaeth e listio ar gyfer y Rhyfel Mawr. Ymunodd trannoeth gan dderbyn hyfforddiant yn Llandudno cyn cael ei glwyfo yn Ypres yn 1916. Treuliodd y rhan orau o ddwy flynedd mewn ysbyty a chael ei ryddhau gydag anabledd gant y cant. Gostyngwyd hynny wedyn i 75 y cant. Daeth adre i fyw gyda'i fam yn

Ffoshelig, Alltyblaca. Yno dechreuodd werthu allan o'i stafell ffrynt.

Byddai troi at fusnes yn golygu colli ei bensiwn ond dyna wnaeth e, gan fynd adre i werthu brethyn. Wedyn fe ddechreuodd werthu sanau ym mart Llanybydder ac yna agor lle yn Stryd y Bont, Llanbed uwchben Arnold Davies y Twrne. Wedyn fe wnaeth e rento siop Jones y Bwtsiwr. Yn ddiweddarach symudodd i'r safle yn Stryd y Coleg gan gofnodi'r busnes yn swyddogol yn 1921.

Yn 1926 fe aeth dwy fodryb i Nhad, Sally a Myfanwy o Olmarch Uchaf fyny i Lundain i chwilio am waith. Fel y nodais eisoes, fe arhosodd Myfanwy yno a phriodi perchennog busnes laeth. Ond adre ddaeth Sally yn 1927. Doedd hi ddim yn hoff o Lundain.

Fe gafodd Sally gynnig gwaith yn siop Rhys Hughes yma yn Llanbed am hanner coron yr wythnos. Fe aeth draw at B. J. Jones ac fe gynigiodd e ddwbwl y cyflog iddi. Ac fe dderbyniodd. Ymhen ychydig flynyddoedd fe ddyweddïodd â churad yn y coleg. Fel arwydd o ddiolch iddi am ei gwaith yn y siop fe aeth Benjamin lawr i siop Morgan Jenkins, Abertawe i brynu carped iddi ar gyfer ei bywyd priodasol nes ymlaen. Ond yn hytrach na rhoi'r carped i Sally fe benderfynodd ei phriodi, a hynny ym mis Gorffennaf 1930.

Fe fu B. J. Jones mewn busnes o 1921 tan 2005. Roedd y busnes wedi dod lawr i'r mab, Bernard. Yn un o bedwar o blant, tair yn ferched, roedd Bernard wedi cychwyn yn union o'r ysgol ym mis Mehefin 1952 cyn ymuno â'r lluoedd arfog chwe mis yn ddiweddarach.

Yn dilyn ei Wasanaeth Cenedlaethol aeth i weithio i Harrods yn adran 'Men's Ready to Wear' ym mis Tachwedd 1954. Ymunodd hefyd â Chlwb Tenis Wimbledon a Chlwb Rygbi Rosslyn Park.

Dychwelodd Bernard i Lanbed i'r busnes teuluol ym mis Mehefin 1956. Cofia'r teimlad cyffrous o ddod adre mewn

Syniad Da

cyfnod pan oedd Llanbed yn dref farchnad fywiog oedd yn cynnig pob math ar gyfleoedd. Roedd y Cyngor Tref yn gorff pwerus gyda'i syrfëwr ei hun. Roedd gan y Cyngor reolaeth lwyr dros y dref a'r ardal. Codwyd yr Adeiladau Amaeth yn unol â rheolau'r Swyddog Iechyd, Dr Evan Evans. Fe'i cynlluniwyd heb unrhyw risiau fel y gellid, yn ddiweddarach, addasu'r lle yn ysbyty. Yn y dref hefyd roedd swyddfeydd y gwasanaethau nwy a chanolfan drydan y West Cambrian.

Dylid cofio hefyd fod Swyddfa'r Heddlu'n cyflogi Inspector, Sarjiant holl-bresennol a thri Chwnstabl gyda swyddfeydd yng Nghwmann, y Felin-fach a Llanybydder. Roedd yno ganolfan ddeddfwriaethol a marchnad lewyrchus bob dydd Mawrth gyda graddoli bod dydd Llun.

Fe wnaeth dychweliad cyn-filwyr fel ef wedi cryfhau'r gymdeithas yn fawr gyda chwistrelliad newydd o waed. Elwodd y gwahanol gymdeithasau chwaraeon. Ymhlith y to egniol a arllwysodd waed newydd i'r fro roedd Jack Megicks, Dai Jim a Moc Glasgow, Martyn ac Elwyn y Jewellers, Glyn Jones y Felin Lif, Gwilym Price, Sam y Saer, Emlyn Mark Lane, y Brodyr Jarman, y ddau wedi dioddef yn Belsen, John Griffiths, Arnold Rees, John Railway, John Chemist a llawer mwy. Yn ystod ei gyfnod fel Cymro alltud teimlai arwyddion cenedlaetholdeb yn wleidyddol ond teimlai hefyd yn rhwystredig tuag at agwedd y cenedlaetholwyr tuag at fusnes yn y dyddiau hynny.

Erbyn dychweliad Bernard yn 1956 teimlai fod brwdfrydedd rhai o'r hen hoelion wyth yn pylu. Ond fe ddaeth y gwaed newydd hwn i adfywio'r dref. Yn wir, fe adferwyd Llanbed a'i hatgyfodi i fod yn ganolfan fusnes i'r holl sir.

Hawdd yw beirniadu'r genhedlaeth wnaeth ddilyn am symud allan i chwilio am gynhaliaeth. Ond doedd y cyfleoedd ddim yn bod bellach. Mae'r ystadegau a gasglwyd

Stesion Llanbed adeg ei hoes aur cyn i'r lein gau ar ddechrau'r chwe degau.

gan Bernard yn siarad cyfrolau. Cymharwch fusnesau Llanbed yn 1956 a 2006. Groseriaid 1956: 25, 2006: 1; Busnesau ceir/ beics: 7/2; Busnesau dillad: 7/3; Bwtsieriaid: 7/1; Busnesau pobi: 4/1; Siopau sgidiau: 5/1. Ar ei anterth tua chanol y pumdegau fe fu ugain yn gweithio yn siop B. J. Roedd cost stamp i'r cyfan ym mis Awst 1956 yn £12 16s 6d a chyflog i'r ugain am wythnos yn £72. Pan ddaeth y busnes i ben roedd Bernard yn talu cyfanswm cyflog o dair mil o bunnau'r wythnos. Yn 1958 roedd y tŷ lle mae Bernard yn byw ynddo yn werth £2,500. Ar yr un adeg roedd e'n gwerthu cotiau ffwr am £3,000 yr un.

Un o gyfrinachau llwyddiant Bernard o ran dillad dynion oedd maint ei stoc. Roedd ganddo rywbeth i ffitio pawb heb orfod cwtogi neu dynnu mewn, fel arfer. Ond weithiau byddai angen addasu hyd y llewys. Mae ganddo fe ddamcaniaeth fod breichiau llawer o Gardis fel dynion Swydd Lincoln, yn hirach na breichiau pobol eraill o ganlyniad i gario bwcedeidiau o ddŵr neu laeth.

Syniad Da

Fe fu dyn busnes arall, y diweddar Maldwyn Hughes yn croniclo hanes busnesau canol y dref ar hyd y blynyddoedd. Gadawodd ar ei ôl draethawd cynhwysfawr na chafodd erioed ei gyhoeddi. Ar Sgwâr Harford, a enwyd ar ôl byddigions yr ardal, a oedd yn byw yn Falcondale, roedd e'n cofio siop Richards y Barbwr, gŵr o Tavistock yn Swydd Dyfnaint. Enwodd y siop yn Tavistock House. Uwchben drws yr Ivy Bush roedd portico yn y dyddiau hynny yn cael ei gynnal gan bileri o bren wedi eu paentio i ymddangos fel marmor.

Cedwid y Bush ar un adeg gan Tom Jones, a oedd hefyd yn cadw siop bwtsiwr yn Stryd y Coleg lle daeth y Brodyr Jones wedyn i gadw siop cigydd. Roedd i'r Bush enw da fel tŷ gweddus. Safai'r Crown y drws nesaf, hwnnw hefyd â phortico uwchben y drws. Byddai ceffylau yn cael mynediad drwy ddrws ffrynt y Crown i stablau yn y cefn.

Roedd Jones y Bwtsiwr yn un o'r dynion busnes mwyaf mentrus. Un tro prynodd yr eidion gorau yn Sioe Smithfield yn Llunden ar gyfer y Nadolig, a bu pen yr anifail yn hongian ar wal y siop am flynyddoedd.

Trigai Maldwyn Hughes yn y White Hall ar draws y ffordd a chofiai weld aml i ffrwgwd y tu allan i'r ddwy dafarn ar noson ffair. Cofiai Siop Roderick wedyn lle'r oedd Roderick Evans yn cadw siop fferyllydd. Ato ef, mae'n debyg, yr ai cwsmeriaid oedd ag angen moddion gan ei fod yn rhatach na'r meddygon lleol. Roedd Roderick Evans yn Warden y Ficer.

Gerllaw safai Ffatri'r Cambrian lle gwnaed sgidiau mewn stafell yn y cefn. Roedd y perchennog John Davies yn dipyn o gymeriad. Fe fu'n briod deirgwaith. Ef oedd yn cynghori amryw o'r bobl busnes ar fater estyn credyd. Un tro dyma ddyn busnes yn gofyn ei farn am sefyllfa ariannol un o'r cwsmeriaid. 'Oes arian gydag e?' oedd y cwestiwn. Ateb John Davies oedd: 'Wel, fe ddylai fod. Dyw e ddim yn talu neb.'

Calon Llanbed heddiw yn curo'n arafach na chynt

Mae'n debyg iddo ffraeo â'r Cyngor Tref ynghylch agor lladd-dy. O ganlyniad aeth ati i adeiladu ei ladd-dy ei hun yng Nghwmann y tu allan i reolaeth y Cyngor Tref. Ef ddaeth â thrydan i Lanbed ac yna'r sinema. Ffilmiau distaw oedd y rhai cyntaf gyda merch yn chwarae piano er mwyn cyfleu naws y golygfeydd.

Sefydlwyd Banc y Midland ar safle Morgans y Gemydd, siop a ddaeth wedyn yn ganolfan Cymdeithas Adeiladu'r Cheltenham and Gloucester. Gerllaw roedd Siop Dicks, sef siop sgidiau lle'r oedd y rheolwr, D. J. Bowen yn gerddor. Fe wnaeth D. J. arwain ei gôr ei hunan o flaen aelod o'r Teulu Brenhinol ym Mhlas y Trawscoed.

Ar y safle heddiw mae busnes offer trydan J. H. Roberts. Daeth hwnnw i'r ardal o Benrhyndeudraeth yn 1934 drwy ei waith gyda chwmni petrol Shell cyn iddo droi at waith trydanol dair blynedd yn ddiweddarach. Ymsefydlodd yn gyntaf yn rhif 2 Heol y Bont yn 1958 cyn symud i safle yn siop Rickets. Yna symudodd i hen Siop Dicks lle mae'r teulu'n dal i redeg busnes llwyddiannus.

Bu Tom Davies yn rhedeg Gwesty'r Castell gerllaw, gŵr a wisgai fwstas trwchus, hwnnw'n nodi'r ffaith iddo fod yn Sarjiant Major yn y fyddin. Cofir Banc Lloyds gerllaw yn bennaf am y rheolwr ar un adeg, Oriel Morgan. Ef oedd Trysorydd y Fwrdeistref ac roedd e'n ddyn trwsiadus dros ben. Yn yr orymdaith flynyddol ar Sul y Maer gwisgai 'frock-coat' a het sidan a chariai ymbrelo wedi'i rowlio'n deidi. Gweithredai hefyd fel galwr mewn gwahanol ddawnsfeydd.

Y drws nesaf safai siop D. B. Williams y Barbwr, a fu farw'n ddyn ifanc gan adael gweddw ifanc a phedwar o blant. Aeth y weddw ati i redeg siop fwydydd, menter lwyddiannus iawn.

Bu siop ddillad enwog Daniel Davies y drws nesaf unwaith yn westy dirwestol ac yna'n siop cigydd Trenham Davies. Mae'r Institiwt drws nesa'n dal yn agored ar ôl blynyddoedd o wasanaeth, i'r ieuenctid yn arbennig. Bu llawer o fynd a dod o ran perchnogaeth y Llew Du. Ar un adeg bu gŵr o'r enw Browns-Cave, aelod o deulu enwog yn y byd chwaraeon yn rhedeg y lle.

Yn nes i lawr bu Ceinwen, merch Evans Esgair yn cadw siop ddillad. Cyn hynny bu gwraig weddw, Mrs Emms yn cadw tŷ bwyta gyda'i chwaer, Miss Davies o Langybi'n cadw busnes gwnïo ar y llawr cyntaf. Byddai'n teithio rhwng Llangybi a Llanbed ar y trên bob dydd.

Wedyn, yn yr adeilad nesaf bu Idris Jones yn cadw garej tra'r drws nesaf eto bu siop deganau Mrs Truscott, ei gŵr yn fecanic gydag Idris Jones. Yna deuai'r Llew Coch, sydd wedi hen gau. Y tu ôl iddo adeiladwyd y Tabernacl, lle cychwynnodd achos Capel Shiloh. Yn ystod y rhyfel fe'i defnyddid fel storfa ar gyfer papur wast fel rhan o'r ymdrech i hybu'r ymgyrch ryfel.

Bwydo'r Bobol

Ar yr ochr arall i'r Stryd Fawr safai Moelfre House, siop groser, cartref swyddfeydd cwmni twrneiod Arnold Davies wedyn. Y drws nesaf safai Siop Blaenpant. Yna deuai Siop Mundy'r pobydd a thŷ bwyta, lle'r oedd modd cael pryd da o ginio am swllt. Roedd i'r Royal Oak, y drws nesaf i Neuadd y Dre enw da yng ngofal Mrs Davies. Yno y byddai cŵn hela Mrs Hughes Y Neuadd yn cyfarfod bob Dydd Sant Steffan yng ngofal yr heliwr, David Jones. Roedd ei wraig yn cadw siop y Dairy lle mae swyddfeydd y Brodyr Evans.

Gerllaw roedd Siop Rees y Bŵts, cyn dyfodiad Y Pantri ac wedyn Joe Williams y barbwr. Yna deuai Siop Wilkins y Teiliwr a ddilynwyd gan siop fara Bloom. Yna Ben Jenkins y Cyfrwywr ac yna'r Beehive, lle bu Lemuel Rees yn cynnal busnes fel tynnwr lluniau. Y drws nesaf safai siop melysion Davo. Yna ceid y Swyddfa Bost, a drodd yn Bon Marche ac yna tafarn y Plough, gyda stablau yn y cefn.

Daeth J. W. Davies i gynnal siop nwyddau haearn y drws nesaf, gŵr o New Row ger Pont-rhyd-y-groes. I'r White Hall daeth tad Maldwyn, sef Rhys Hughes yn 1906 i olynu David James, a werthai wahanol fwydydd. Bu teulu Megicks yn berchen ar siop y gornel am flynyddoedd. Ni chadwai'r tri brawd ac un chwaer y fath beth â thil. Fe ai'r derbynion, mae'n debyg, yn syth i'w pocedi.

Y Cothi Buildings oedd y drws nesaf lle'r oedd bwtsiwr, Tom Thomas. Roedd e'n gyrru Ffordyn 'Model T' ond yn methu gyrru yn rifŷrs. Felly fe yrrai rownd y dref i arbed troi'n ôl. Y drws nesaf safai Siop y Bardd, enw na wyddai neb y rheswm am ei darddiad. Roedd y siop fwydydd hon yn enwog am ei Kangaroo Yeast. Roedd siop fferyllydd ar y safle lle daeth Siop Boots wedyn. Ar ddrws y siop fferyllydd ceid arwydd yn cyhoeddi 'Teet painlessly extracted'.

Siop Lemuel Rees ddeuai nesaf, rhyw fath ar Picadili Syrcas, yn ôl Maldwyn Hughes. Roedd y siop bapur newydd yn fan cyfarfod i bobl y dref. Bu unwaith yn llety i ffoaduriaid

Syniad Da

o Wlad Belg adeg y rhyfel ac yna'n ganolfan i'r Groes Goch. Trodd y Star Supply Stores drws nesaf wedyn yn siop International.

Gyferbyn safai Caxton Hall, swyddfa argraffu a siop lyfrau'r Church Press and Printing Company. Y rheolwr oedd Mr Bartlett, a chwaraeodd rygbi dros Gymru. Roedd e'n gefnder i'r Gwir Barchedig D. D. Bartlett, Esgob Llanelwy. Safai tafarn y White Hart ar y safle cyn dyfodiad Banc y Midland. Yna deuai siop y cyfrwywr D. R. Thomas a'r drws nesaf i'r International, roedd siop ddillad Croft and Evans. Roedd siop Rickets y drws nesaf yn enwog am ei dewis o lestri. Enwyd y siop yn Dresden House. Bu'r siop emwaith drws nesaf yn nwylo teulu Owen Davies am flynyddoedd.

Lle bu siop bwtsiwr y Brodyr Jones fe fu Tom Jones a'i wraig yn cadw siop ddillad dynion. Roedd y siop, mae'n debyg, yn arbenigo ar 'Clerical Liveries and Breeches'. Y nesaf oedd Siop Rosemount lle'r oedd Maldwyn Hughes yn cofio gweld twmpath o ddatys ar y cownter. Yn yr adeilad lle bu'r Swyddfa Bost hyd yn ddiweddar cofiai fod yno ddau dy annedd. Wedyn roedd siop Mrs Davies Y Bliw, lle gwerthai lestri a basgedi. Tai annedd oedd siop fara Ralph ac Aeron Dairy ar un adeg cyn dod yn gartref i Bernard B. J. Cyn bod siop gyntaf B. J. roedd yna siop felysion yn cael ei chadw gan ddwy Miss Jones. Yna roedd Siop Ifan Davies y Crydd, a oedd hefyd yn gwerthu sgidiau. Roedd e'n un o hen weithwyr Ffatri Cambrian.

Yna roedd siop saer celfi Evan Evans a'i frawd David. Bu'r ddau'n Feiri'r dref. Y tu ôl i'r siop roedd y Gwalia Carriage Works lle'r oedd Davies a Jones yn llunio certi a thrapiau. Roedd Jones yn arweinydd band y dref ac yn un o ddau herodr yng ngosgordd y Barnwr yn cyrraedd Neuadd y Dref ar gyfer sesiwn o'r Brawdlys.

Cedwid siop Mile End gan ddwy wraig a oedd yn

gwerthu bwydydd anifeiliaid. Fe symudodd B. J. Jones o'i siop gyntaf yn D. R. Evans yn Stryd y Bont i'r drws nesaf i Talsarn House cyn prynu adeiladau eraill cyfagos. Fe'i holynwyd yn y siop gyntaf gan Miss Phillips, a werthai hetiau menywod. Yna ceid Albion House, lle cychwynnodd tad Maldwyn Hughes ei fusnes yn 1902 cyn symud i White Hall. Yno wedyn bu John Evans, Maespwll yn cadw siop groser. Wedyn roedd siop cyfrwywr a drodd yn ddiweddarach yn feddygfa ddeintyddol W. G. Lloyd. Yn Bristol House ar gornel Station Terrace, cyn dyfodiad y siop gerdd roedd dwy Miss Edwards yn cadw siop groser.

Nôl ar y sgwâr ac i lawr am Heol y Bont safai tafarn y White Lion ac wedyn Josi Jones y barbwr a olynwyd gan Idris Davies. Wedyn fe ymsefydlodd Teify Fabrics yno. Siop ddillad Paris House oedd y nesaf ac wedyn siop bwtsiwr David Thomas cyn iddo werthu i I. G. Williams. Safai siop Roberts Tinman yn yr adeilad a ddaeth wedyn yn siop radio a sgidiau'r Co-op. Yn byw yno bu tri brawd a oedd yn llunio padelli a bwcedi. Atynt hwy y daeth Mr Quann i Lanbed i ddysgu ei grefft cyn agor ei le ei hunan.

Yn nes ymlaen safai siop Boro Stores, cyn troi i fod yn siop laeth Edgar. Tom Thomas oedd yn cadw Boro Stores ac ef fyddai'n dal llawer o'r cwningod, sgwarnogod a ffesantod a werthid yno.

Cyn i Lemuel Rees sefydlu ei siop enwog safai Commerce House yno. Hon oedd siop yr un mor enwog a gedwid gan Nun Davies, a werthai ddillad merched a dynion. Bu Nun yn Faer y dref deirgwaith yn olynol. Roedd ei frawd, Rees Davies yn gyfrwywr. Tŷ annedd o'r enw Spring Gardens oedd caffi Newbridge, lle mae'r tŷ bwyta Tsineaidd heddiw. Bu asiant i Stad Falcondale fu'n byw yno cyn i Jack Timothy ei brynu a chodi neuadd biliards yn y cefn a'i galw'n New Bridge. Trowyd hi yn Neuadd y Lleng Brydeinig.

Yn Mark Lane safai siop Charles Evans, a adnabyddid fel Selfridges Llanbed. Yn bobydd, cododd ei felin ei hun lle mae busnes W. D. Lewis nawr ar waelod Heol y Bont. Yn Ustus Heddwch, roedd ganddo stablau yn Barley Mow a chadwai gerbydau ceffylau o bob math. Yna bu ei faniau bara'n tramwyo ardaloedd eang, hyn yn arwain D. J. Williams yn *Yr Hen Dŷ Ffarm* i broffwydo brysio tranc pobi bara cartref.

Cymeriad mawr arall gerllaw a werthai lyfrau yng nghanol ei fusnes gwerthu offer haearn oedd Timothy Richards, Ardwyn. Roedd e o'r un teulu â'r cenhadwr o Ffald-y-brenin, Timothy Richard. Bu'n Faer y Dref ac yn Ustus Heddwch. Yn rhif 37 Heol y Bont wedyn roedd Red Hill, siop gwerthu llestri, ac yna bu Mrs D. R. Thomas yno'n gwerthu teganau a phapur wal a'i gŵr yn beintiwr.

Ar waelod heol y Bont, lle mae archfarchnad y Co-op safai garej Smith Jones er iddo gychwyn ar draws y ffordd yn gwerthu beics. Yn rhif 78 bu busnes gelfi Morgan Richards, a welodd dair cenhedlaeth yn cadw busnes dodrefn. Roedd busnes tebyg gan James Davies, lle bu Rody Rees wedyn. Yn Picton wedyn roedd Mag Richards yn cadw siop groser a chaffi. Bu am rai blynyddoedd yn byw yn Ne Affrica yn cadw tŷ i'r bargyfreithiwr Syr Edward Clarke. Y drws nesaf roedd busnes James y Ffotograffydd, a fyddai'n teithio gyda'i gamera i bobman ar ei fotor-beic.

Yn nes i fyny'r stryd safai siop Singers, lle'r oedd asiant i'r cwmni peiriannau gwnïo o'r un enw. Y drws nesa, lle'r ymsefydlodd Quann wedyn, roedd siop groser William Lloyd, cyn iddo symud fyny i Glasfryn Stores. Bu William yn gweithio am gyfnod yn White Hall gyda David James.

Cyn dyfodiad Y Stiwdio roedd un arall o gymeriadau mawr Llanbed yn cadw busnes. Saer celfi oedd D. J. Evans, tad Eddie Evans a fu'n cadw Gwesty'r Castell. Dyrchafwyd un o'i feibion, Ivor yn Esgob Ariannin. Byddai D. J. yn galw yng nghegin y coleg yn wythnosol i i gasglu llond basin o doddion. Wedi dyrchafiad ei fab dyma fe'n dweud wrth y cogydd: 'Grease for his Grace!'

Lle bu Davies y Fet yn cadw milfeddygfa bu Leicester House, lle bu Tom Jones yn gwerthu a mendio sgidiau. Adwaenid ef fel Tom Sos am ei fod e'n Undodwr, neu'n Sosin. Cyn dyfodiad y londrét a'r meddyg traed roedd Liverpool Stores lle'r oedd Coram Davies yn cadw siop. Roedd ganddo stablau yn y cefn a bu ei faniau'n teithio'r wlad. Newidiwyd yr enw i Glasfryn wedi dyfodiad William Lloyd, un arall oedd â chysylltiad â'n teulu ni. Parhawyd y busnes gan ei fab Ebenezer, a oedd yn Ynad Heddwch.

Cyn dyfodiad y Clwb Pêl-droed bu Dan Davies yn gwerthu dodrefn a D. R. Evans yn gwerthu llyfrau lle daeth y siop iechyd wedyn. Drws nesa roedd siop Green gate yn gwerthu melysion a thybaco ac yna James yn gwerthu pysgod. Ar y sgwâr roedd London House, lle gwerthai Walter Davies ddillad. Yna roedd siop gemwaith David Jones, Undodwr a llysfwytäwr. Dilynwyd ef gan David Williams a Tom Lloyd.

Ni wnaeth Maldwyn Hughes gyfeirio ond at un siop yn unig yn Heol y Bryn, sef siop groser David Jones, Siop Britannia. Bu ei fab yn Ddadansoddwr Cyhoeddus Dinas Sheffield.

Daeth tro ar fyd. Edwinodd llawer o'r busnesau dros y blynyddoedd a gwelwyd diboblogi. Mae Bernard o B. J. Jones gynt yn cofio, hanner canrif yn ôl, gant a deugain o blant yn byw yn Stryd y Coleg lle mae ei gartref rhwng sgwariau Harford a Walters. Pump o blant sydd yno heddiw. Yn 1921 roedd yna dair ar hugain o siopau groser yn Llanbed, yn ôl Bernard. Diflannodd y cyfan wrth i fusnesau fel y Co-op symud i gyrion y dref.

Nôl yn 1961 fe fu'r Siambr Fasnach yn trafod cais y Co-op i symud ei siop groser o ganol y dref i'r cyrion. Dim ond dau o'r aelodau, Rhys Hughes, sef mab Maldwyn Hughes a Bernard Jones wnaeth bleidleisio yn erbyn. Fe wnaeth y ddau rybuddio mai agor y drws i siopa y tu allan i'r dref fyddai dechrau'r diwedd. Fe'u profwyd nhw'n gywir. O fewn dim roedd y Co-op yn darparu siop ddillad, siop sgidiau, siop nwyddau haearn, siop cigydd, siop groser, siop diodydd fferyllfa a'r Swyddfa Bost erbyn hyn o dan un to. Y ddadl oedd y byddai hyn yn creu gwaith. Yn y tair siop groser ar hugain o siopau oedd yn y dref cyn hynny, roedd yna dri neu bedwar yn gyflogedig ym mhob un. Dyna'i chi tua chant o weithwyr.

Gadewch i ni droi'n ôl at ddamcaniaeth Bernard Jones 'B.J.' am y dirywiad. A ellid beio dyfodiad cerbydau preifat am ddarostyngiad Llanbed? Hynny'n galluogi pobl i deithio ymhellach? Mae ochr arall i'r geiniog. Oherwydd y cynnydd mewn trafnidiaeth breifat fe ddaeth tref Llanbed yn haws ei chyrraedd. Cred Bernard mai man cychwyn y dirywiad fu creu Sir Dyfed, a'r polisi wnaeth ddilyn o symud grym i Aberaeron, gan droi'r dref honno'n bencadlys Ceredigion.

Mae llawer yn gofyn i fi am y dyfodol. A fydd un neu ragor o'r plant am barhau'r busnes? Yn bersonol dw'i ddim am eu gweld nhw'n mentro. Erbyn hyn dw'i ddim yn credu fod Llanbed yn dref addas i rywun ifanc gychwyn busnes ynddi. Mae'r lle wedi newid cymaint petai ond yn ystod fy mywyd i. Fe alla'i gofio'r dref yn un bwrlwm.

Na, dw'i ddim yn annog y plant i gymryd at yr awenau. Os ydyn nhw am wneud hynny, mae'r lle a'r cyfle yma iddyn nhw. Yn y cyfamser, fedra'i ddim fforddio aros yn llonydd. Mae yna wastad rywbeth i'w wneud yma. Ac fe fydd, gobeithio am flynyddoedd i ddod.

Syniad Da
Y bobl, y busnes – a byw breuddwyd

Glywsoch chi'r chwedl honno nad yw Cymry Cymraeg yn bobl busnes? Dyma gyfres sy'n rhoi ochr arall y geiniog.

**Straeon ein pobl fusnes:
yr ofnau a'r problemau wrth fentro;
hanes y twf a gwersi ysgol brofiad.**

Llaeth y Llan:
sefydlu busnes cynhyrchu iogwrt ar fuarth fferm uwch Dyffryn Clwyd yn ystod dirwasgiad yr 1980au

Busnes ar y Buarth
Gareth a Falmai Roberts
Llaeth y Llan 1985-2010

"Bob tro y bydd bygythiad yn dod drwy lidiart y fferm, bydd cyfle yn dod gydag o ..."

Gwasg Carreg Gwalch:
gadael coleg a sefydlu gwasg gyda chefnogaeth ardalwyr Dyffryn Conwy

Y Gwalch, yr Inc a'r Bocsys
Myrddin ap Dafydd
Gwasg Carreg Gwalch 1980-2010

"Mi rydw i wedi bod yn lwcus iawn – mi lwyddais i droi fy niddordeb yn fara menyn ..."

HANFODOL I BOBL IFANC AR GYRSIAU BUSNES A BAGLORIAETH GYMREIG!
£5 yr un; www.carreg-gwalch.com

Rhiannon:
troi crefft yn fusnes yng nghefn gwlad Ceredigion

Caelloi Cymru:
cwmni bysys moethus o Lŷn sy'n ddolen rhwng Cymru ac Ewrop

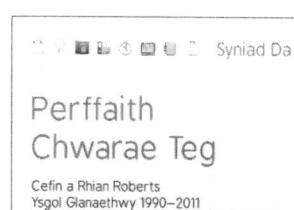

Ysgol Glanaethwy:
datblygu dawn yn broffesiynol a llwyddo ar lwyfan byd

Teiers Cambrian:
cwmni o Aberystwyth sydd wedi tyfu i fod yn asiantaeth deiers mwyaf gwledydd Prydain

Moto Ni, Moto Coch
Canmlwyddiant y cwmni bysus cydweithredol ym mhentrefi Clynnog a Threfor

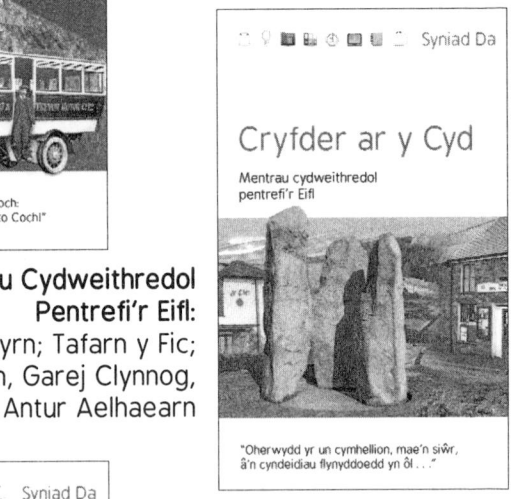

Mentrau Cydweithredol Pentrefi'r Eifl:
Nant Gwrtheyrn; Tafarn y Fic; Siop Llithfaen, Garej Clynnog, Antur Aelhaearn

Artist Annibynnol:
Anthony Evans yn adrodd hanes ei yrfa fel arlunydd, yn cynnwys sefydlu oriel a stiwdio gydweithredol

Sylwadau ar fusnes a bywyd, gyrfa a gwaith gan **Gari Wyn y gwerthwr ceir llwyddiannus a sefydlodd Ceir Cymru**
Dadansoddi treiddgar; 200 tudalen; £7.50